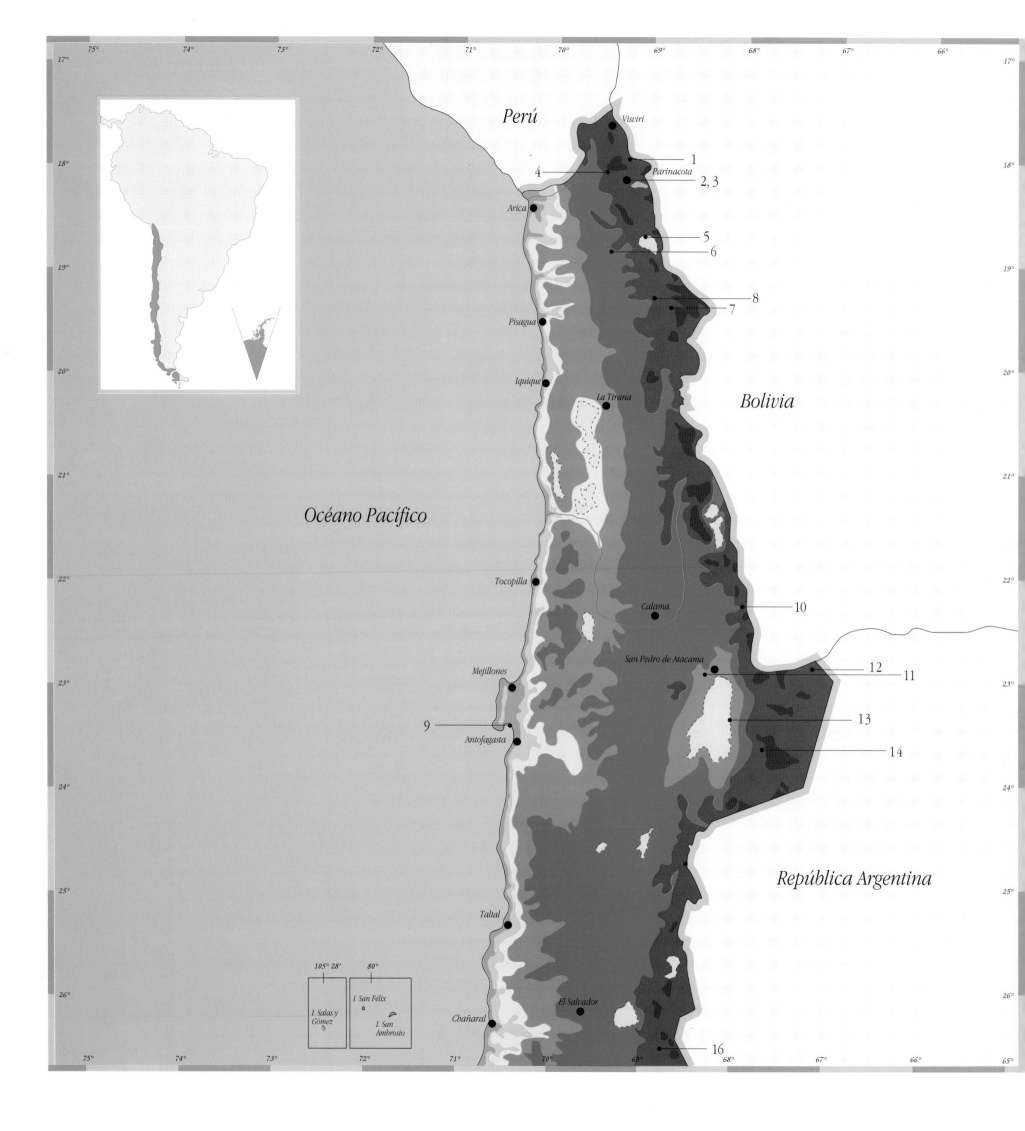

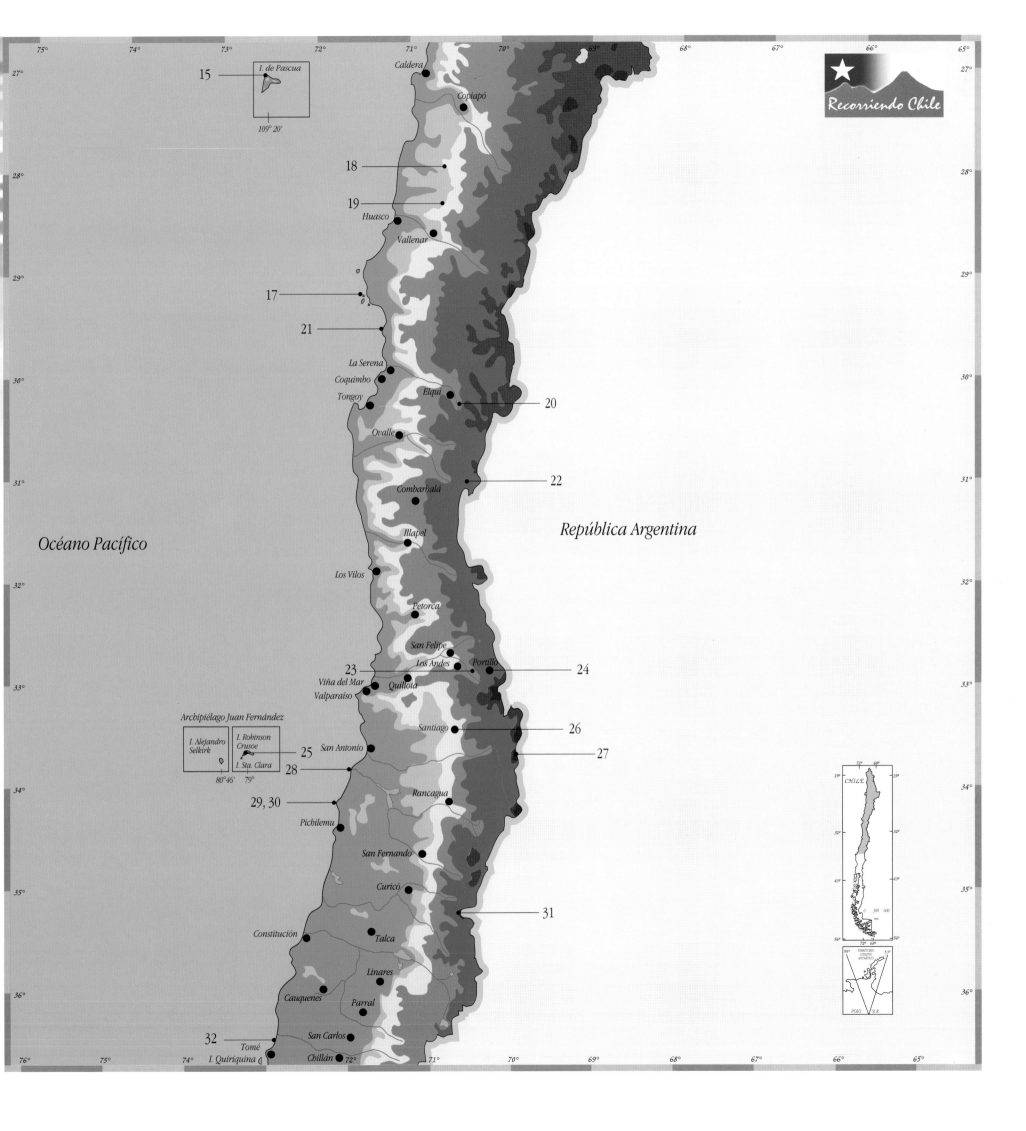

Recorriendo Chile
NUEVAS IMPRESIONES

Travelling through Chile
NEW IMPRESSIONS

Unterwegs in Chile
NEUE EINDRÜCKE

Diseño • Design • Entwurf	Claudio y Norberto Seebach
Impresión • Print • Druck	Impresora Óptima S.A.
Logotipo • Logotype • Logo "Recorriendo Chile"	Claudio Seebach

Recorriendo Chile
www.recorriendochile.cl
email: nseebach@recorriendochile.cl
Fax: (56-2) 273 27 91

El estimulante eco que ha tenido la publicación de mi libro RECORRIENDO CHILE - IMPRESIONES, el cual en 66 láminas invita a un paseo norte-sur por este nuestro formidable territorio, me motivaron a preparar este nuevo libro que igualmente sugiere un recorrido por singulares parajes. Aparecerán lugares conocidos, pero habrá otros de los cuales eventualmente por vez primera se edita una foto, me produce una especial fascinación descubrir rincones de este multifacético país cuyos paisajes con frecuencia sorprenden. Agradezco su interés por compartir esta excursión y espero que disfrute el viaje!

The stimulating echo that followed the publication of my book RECORRIENDO CHILE - IMPRESIONES, a set of 66 images inviting to a north to south journey through this, our formidable territory, motivated me to prepare this new book likewise a trip along singular spots. Many wellknown places will appear but there will be others from which probably a photo never has been edited - discovering angles of this multifacetic country with its often surprising landscapes is a special fascination for me. Thank you for accompanying me in this excursion and I hope you enjoy it!

Das stimulierende Echo, welches der Veröffentlichung meines Buches RECORRIENDO CHILE - IMPRESIONES - eine in 66 Bildern festgehaltene Nord-Süd Reise durch dieses, unser wunderbares Territorium - folgte, haben mich dazu bewegt, dieses neue Buch vorzubereiten. Auch hier geht es ebenfalls um eine Durchwanderung einzigartiger Orte. Zum Teil sind es bekannte Ziele, aber es erscheinen sicher auch Motive, von denen erstmals ein Foto gezeigt wird; es fasziniert mich immer wieder, neue Ecken der meist überraschenden Vielfältigkeit Chiles zu erkunden. Ich bedanke mich für Ihr Interesse und hoffe, dass Sie die Reise geniessen können!

Norberto Seebach

1 Nevados de Payachata

A los pies de los Nevados de Payachata, hermosa e imponente pareja de volcanes (Pomerape 6240 m y Parinacota 6340 m) que domina el altiplano nortino, se extiende el bofedal de Caquena. En tamaño es superior al de Parinacota, ubicado más al sur en el P. N. Lauca. Los auquénidos que se nutren de él constituyen el principal sustento de los pobladores, generalmente aymaras, que habitan en estas inhóspitas alturas. El curso de agua que aquí se origina corre hacia el norte, casi paralelamente a la frontera con Bolivia, hacia donde ingresa con el nombre de Cosapilla.

At the base of the Nevados de Payachata, attractive twin volcanoes (Pomerape 6240 m and Parinacota 6340 m) towering above the Altiplano in northern Chile, extend the marshlands of Caquena. It is larger in size than that of Parinacota in the neighboring Lauca National Park. Cameloids, llamas and alpacas, fundamental to the way of life of Altiplano inhabitants - mainly Aymara indigenous -, feed in these wetlands. The water draining this area flows north almost parallel with the border to Bolivia where it ultimately enters as the Cosapilla River.

Am Fusse der Nevados de Payachata, des reizvollen Vulkanpaares (Pomerape 6240 m und Parinacota 6340 m), das über das Andenhochland Nordchiles ragt, liegt das Moorgebiet von Caquena. Es ist grösser als dasjenige von Parinacota im südlich gelegenen benachbarten Nationalpark Lauca. Die Lamas und Alpakas, die hier weiden, sind für die Bewohner dieser unwirtlichen Höhen, vorwiegend Aymara Indianer, wichtigste Lebensgrundlage. Das hier gesammelte Wasser fliesst in nördliche Richtung, fast parallel zur Grenze nach Bolivien wo es als Fluss Cosapilla hineinläuft.

2 IGLESIA DE PARINACOTA

Parinacota, pequeño poblado altiplánico de épocas precolombinas está a 4400 m de altitud en el interior de Arica. Su famosa iglesia, reconstruida en 1789, conserva en su interior frescos del siglo XVII. La vista muestra, como es usual en las iglesias del Norte Grande, el campanario separado de la nave, la cual no se ve por encontrarse a la derecha. Los tres arcos del muro que rodea la iglesia están coronados con piedra volcánica rosada; a poca distancia se yerguen los imponentes Payachatas, pareja de volcanes que junto al lago Chungara constituyen los mayores atractivos del Parque Nacional Lauca.

Parinacota is a small Andean village dating back to pre-Columbian times at an altitude of 4400 m inland from Arica. Its famous church, rebuilt in 1789, contains XVII century frescœs. As it is common with churches in this northern part of Chile, the scene shows the belfry separated from the nave, that cannot be appreciated since it lies to the right. The three arches of the wall surrounding the church are crowned by pink volcanic stones; at a short distance the Payachatas, a pair of imposing volcanoes rise over the surrounding Altiplano. Together with the Lake Chungara, they are the main attractions of the Lauca National Park.

Die 4400 m hoch liegende Ortschaft Parinacota im Andenhochland Aricas war schon vor Ankunft der Spanier besiedelt. Die berühmte, 1789 rekonstruierte Kirche birgt Fresken des 17. Jahrhunderts. Das Bild zeigt den, im Inneren des grossen Nordens üblicherweise vom Kirchenschiff, getrennt stehenden Glockenturm. Die drei Bögen an der die Kirche umgebenden Mauer sind mit rosa Lavasteinen geschmückt; in der Nähe ragen die Payachatas, ein Paar imposanter Vulkane über das Altiplano. Neben dem See Chungara bilden sie die Hauptattraktion des Lauca Nationalparks.

3 LAGO CHUNGARA

En el Parque Nacional Lauca, el lago Chungara, junto a la ruta internacional de Arica a La Paz, es indudablemente una de las mayores atracciones del altiplano chileno. Por su extensión y ubicación a 4500 m s.n.m., se afirma que es el lago más alto del mundo. Está rodeado de majestuosas cumbres andinas: los Nevados de Payachata por el norte y los nevados de Quimsachata por el sur. En el extremo derecho aparece el humeante volcán Guallatire (6100 m) y la carretera a Bolivia.

In the Lauca National Park, Lago Chungara, alongside the Arica - La Paz highway, is without doubt one of the Altiplano's major attractions. At an altitude of 4500 metres, it is said to be the highest lake in the world. It is surrounded by majestic peaks, the Nevados de Payachata to the north and Los Nevados de Quimsachata to the south. On the far right appears the smoking volcano of Guallatire, at 6100 metres above sea level, and the road to Bolivia.

Der See Chungara, an dem die Strasse Arica - La Paz entlangführt, zählt zu den bedeutendsten Sehenswürdigkeiten des chilenischen Andenhochlandes. Wegen seiner Grösse und Lage auf 4500 m ü.d.M. wird behauptet, dass er der höchste See der Welt sei. Er ist umringt von gewaltigen Andengipfeln: Im Norden erheben sich die Nevados de Payachata und im Süden die Gruppe des Quimsachata. Ganz rechts erscheinen der rauchende, 6100 m hohe Vulkan Guallatire und die Strasse nach Bolivien.

4 Putre

Poco más de cuatro siglos después de haber sido trazado como pueblo, Putre es declarado en 1982 capital de la provincia de Parinacota, la más septentrional del país. Su interesante historia está ligada tanto al oro como al tráfico de plata entre Potosí y Arica, que está a 120 km y 3500 m más abajo. La actividad económica de sus poco más de 2000 habitantes se centra hoy en la crianza y la agricultura: destaca el cultivo de alfalfa y orégano. Al fondo, se yergue el volcán homónimo de 5800 m de altitud.

In 1982, more than four centuries after its foundation, Putre was declared the capital of the province of Parinacota, the most northerly in the country. Its fascinating history is linked to gold mining as well as to the movements of silver between Potosí and Arica which is 120 km away and 3500 metres below. Economic activity in the village of 2000 inhabitants today centres around animal raising and agriculture: especially alfalfa and oregano cultivation. In the background one can see Putre Volcano, with its summit at an altitude of 5800 metres.

Knapp vier Jahrhunderte nach seiner Entstehung wurde Putre 1982 zur Hauptstadt der Provinz Parinacota, der nördlichsten des Landes, erklärt. Die interessante Geschichte des Ortes ist sowohl mit Goldminen wie auch mit dem Silbertransport verbunden; dieser wurde von Potosí bis zum 120 km und 3500 m weiter unten gelegenen Hafen von Arica abgewickelt. Die rund 2000 Einwohner leben von der Viehzucht und Landwirtschaft, bei der vor allem Oregano und Alfalfa angebaut werden. Im Hintergrund erhebt sich der 5800 m hohe Vulkan Putre.

5 Vicuñas en Surire

La vicuña (Vicugna vicugna) es el más pequeño de los cuatro camélidos sudamericanos. Es indomesticable. Su población se había reducido dramáticamente; pero, gracias a planes de protección impulsados por CONAF (Corporación Nacional Forestal, institución estatal que administra los parques nacionales y otras áreas protegidas), hoy circulan más de 20 000 ejemplares. Actualmente, y en forma muy controlada, se le esquila, liberándola posteriormente. La vista corresponde al salar de Surire en el altiplano de Arica.

The vicuña (Vicugna vicugna) is the smallest of the four South-American cameloids, and cannot be domesticated. Its population had fallen dramatically, but thanks to preservation programmes of CONAF (the State National Forestry Corporation which administers national parks and other protected areas) the vicuña population today numbers around 20 000. Nowadays, and under strict controls, vicuñas are sheared for their wool, before being released back into the wild. The view corresponds to the Salar de Surire in the Altiplano of Arica.

Die Vikuña (Vicugna vicugna) ist die kleinste südamerikanische Lamaart Sie ist nicht zu zähmen. Nachdem die Tiere fast ausgerottet worden waren, zählt man heute, dank der von der CONAF (staatliche Behörde welche die Nationalparks verwaltet) geleiteten Schutzkampagnen über 20 000 Exemplare. Neuerdings versucht man sie in kontrollierter Form zu scheren wobei sie danach wieder befreit werden. Das Bild entstand am Salar de Surire im Andenhochland der Aricas.

6 CANDELABRO

Ascendiendo hacia la precordillera tarapaqueña y tras dejar atrás los pedregales infinitos del desierto, comienzan a asomar tímidamente los primeros vestigios de vegetación donde no deja de sorprender el candelabro o cardón. Este a menudo un tanto destartalado cacto (Browningia candelaris), tiene un tronco tremendamente espinudo de 3 a 5 m de altura, de hasta 50 cm de diámetro, que se ramifica en su parte superior con hasta 50 ramas. Ha sido explotado por el hombre para ser utilizado como leña, material de construcción y también con fines ornamentales; la recolección de sus frutos impide su propagación natural. Se le considera una especie vulnerable.

Ascending to the Andean range in Tarapacá and after passing the infinite stony ground of the desert the first vestiges of vegetation timidly appear; the candelabrum cactus is specially surprising. This often slightly disarmed cactus (Browningia candelaris) has an extremely thorny trunk of 3 to 5 m reaching 50 cm in diameter and ramifies in the higher part having up to 50 branches. It has been exploited as firewood, for constructions and with ornamental purposes; the collecting of the fruit impedes the natural propagation. It is considerd a vulnerable species.

Nachdem man endlose Steinfelder der Wüste durchquert und in die höheren Lagen der Vorkodillere der Tarapacás gelangt, erscheinen zaghaft die ersten Anzeichen der Vegetation. Kandelaberkakteen fallen dabei besonders auf. Dieser etwas zerzauste Kaktus (Browningia candelaris) hat einen extrem stacheligen, zwischen drei bis fünf Meter hohen Stamm, der bis zu 50 cm Durchmesser erreicht, und sich im oberen Teil in bis zu 50 Äste verzweigt . Das Holz wird sowohl zum Heizen wie auch als Baumaterial verwendet, auch zu dekorativen Zwecken benutzt, und das Sammeln der Früchte hat die natürliche Fortpflanzung gefährdet.

7 Géiser en Puchuldiza

La notable actividad volcánica en Chile no sólo se manifiesta en una cincuentena de volcanes humeantes, sino también a través de un sinnúmero de fuentes termales. Casi no existe valle cordillerano que carezca de ellas. En el curso superior de la quebrada de Aroma, unos 250 km al este de Iquique y en el borde del altiplano tarapaqueño a 3800 m sobre el nivel del mar, se ubican los géiseres de Puchuldiza. Los chorros de agua emergen de las profundidades de la tierra y al entrar en contacto con las bajas temperaturas se solidifican formando curiosas estructuras.

The remarkable volcanic activity in Chile is evidenced not only by some fifty-odd smoking volcanoes, but likewise by countless hot springs. Practically no Andean valley lacks them. In the upper course of Aroma Canyon, about 250 km to the east of Iquique, on the border of the high Andean plateau and 3800 m above sea level we find the geysers of Puchuldiza. The spurting water originated in the earth depths solidifies when getting in touch with the low temperatures creating curiously shaped icebergs.

Die Vulkantätigkeit Chiles zeigt sich nicht nur an den etwa fünfzig rauchenden Vulkanen, sondern auch an der Vielzahl von Thermalquellen. Es gibt kaum ein Andental, das keine solchen aufweist. Im Oberlauf der Schlucht von Aroma, etwa 250 km östlich der Stadt Iquique, am Rande des Andenhochlands auf 3800 m ü.d.M. stösst man auf die Geysire von Puchuldiza. Die tiefen Temperaturen der Luft lassen das aus dem Erdinneren herausspritzende Wasser zu merkwürdigen Eisformationen erstarren.

8 BERENGUELA

Perdido entre los múltiples cordones del macizo andino de Tarapacá a unos 3600 m de altitud, se ubica el poblado de Berenguela. Sus escasos moradores viven de la crianza de llamas y alpacas que pastorean en un amplio valle, accesible sólo por aventuradas huellas que parten en la localidad de Camiña. Pocos lugares conservan como éste su arquitectura tan intacta sin postaciones ni techos de lata. Frente a una modesta vivienda de adobe y techo de paja brava, esta mujer de etnia aymara está hilando para luego confeccionar algún artesanal tejido.

Lost among the multiple mountain chains of the Andes in the Tarapacá Region, at some 3600 m altitude, is the hamlet of Berenguela. Its few inhabitants live of the rearing of llamas and alpacas which pasture in the wide valley accessible only by hazardous tracks which start from the village of Camiña. Few places preserve their architecture as intact as this, free of posts and tin roofs. In front of a modest adobe-house covered by straw this women of aymara indigenous origin is spinning llama wool in order to weave it afterwards.

Eingebettet zwischen den unzähligen Gebirgszügen der Andenkette Tarapacás liegt auf etwa 3600 m ü.d.M., Berenguela. Die wenigen Bewohner des Weilers leben von der Lama- und Alpakazucht. Die Tiere grasen in einem breiten Hochtal, das nur auf abenteuerlichen Spuren, die von Camiña ausgehen, zu erreichen ist. Selten stösst man auf Orte mit einer so intakten und primitiven Architektur in der es weder Blechdächer noch Lichtmasten gibt. Vor einem bescheidenen strohbedeckten Adobe-Haus spinnt eine Aymara Indianerin Lamawolle, die sie dann verweben wird.

9 La Portada

C asi justo sobre el trópico de Capricornio está La Portada, símbolo de Antofagasta, el más importante puerto del norte. En las paredes acantiladas de la costa se ven múltiples estratos horizontales de arenisca entremezclados con capas de conchas fosilizadas. En segundo plano se reconoce la ciudad cuya población según el censo de 2002 es de 300 000 habitantes.

Rising almost on the Tropic of Capricorn, La Portada is the symbol of Antofagasta, the country's most important northern port. On the cliff walls, one can see multiple layers of sandstone interspersed with fossilized shells. In the background appears the city with a population of 300 000 inhabitants according to the 2002 census.

Ziemlich genau auf dem Wendekreis des Steinbocks erscheint La Portada, das Wahrzeichen Antofagastas, der wichtigste Hafen Nordchiles. An den Steilhängen der Küste erkennt man eine Vielfalt von waagerechten Sand- und Muschelfossilienschichten. Im Hintergrund erkennt man die Stadt, die gemäss der Volkszählung des Jahres 2002 300 000 Einwohner hat.

10 Géiseres del Tatio

La actividad volcánica, presente a lo largo de casi todo el macizo andino, es particularmente llamativa en los géiseres del Tatio, un conjunto de "minivolcanes" ubicado en una hondonada a los pies del volcán homónimo. A más de 4000 m s. n. m . y unos 150 km al oriente de Calama (dependiendo de los diversos caminos de acceso), se puede contemplar el espectáculo que se muestra en un amanecer invernal con aproximadamente 20 grados bajo cero.

The ever present volcanic activity along almost the entire Andean range is particularly showy in the Tatio geysers a collection of "minivolcanoes" located in a bottom land close to the homonymous volcano. At more than 4000 m above sea level and approximately 150 km to the east of Calama (depending on the road chosen) you may admire the spectacle shown here during a winter-day sunrise at a temperature of about -20⁰ Celsius.

Fast die gesamte chilenische Andenkette weist aktiven Vulkanismus auf. Dies gilt besonders für die Geysire des Tatio, eines Komplexes von Kleinstvulkanen in einer Senke am Fusse des eigentlichen Volcán Tatio, je nach Zufahrt etwa 150 km östlich von Calama zu erreichen. Dieses Naturspektakel auf über 4000 m Höhe sieht man hier bei einem winterlichen Tagesanbruch und bei ca. 20 Grad unter Null.

11 VALLE DE LA LUNA

La cordillera de Domeyko, un cordón montañoso que corre paralelo al macizo andino en el desierto de Atacama, encierra una serie de salares. Para acceder al mayor de ellos en la ruta Calama - San Pedro de Atacama, es preciso atravesarla. En dicho trayecto es posible observar curiosas formaciones como es el caso del Valle de la Luna y la Cordillera de la Sal. Al fondo se divisan diversas cumbres andinas; en el centro de la vista se yergue el imponente volcán Licancabur (5920 m) ubicado en la frontera con Bolivia, el que antaño fue centro de rituales y ceremonias de los pueblos originarios.

The Cordillera Domeyko is a mountain range that runs parallel to the main Andean chain. Enclosed between both Cordilleras there lay several salares. On the route to the biggest of them - the Salar de Atacama - the Cordillera Domeyko has to be crossed. Passing the Valle de la Luna and the Cordillera de la Sal many strangely shaped mountains can be observed. In the background appear several peaks of the many volcanoes in this area; in the centre rises Licancabur Volcano (5920 m). Located on the border to Bolivia this imposing mountain played an important role in the ceremonies and rituals of the local culture.

Die Cordillera Domeyko ist ein Gebirgszug, der parallel zur Hauptkette der Anden verläuft. Überquert man sie, gelangt man zu verschiedenen, zwischen beiden Kordilleren eingebetteten Salaren. Auf der Strecke Calama - San Pedro de Atacama lassen sich interessante Formationen im Valle de la Luna und der Cordillera de la Sal beobachten. Im Hintergrund erkennt man verschiedene Vulkangipfel der Andenkette; in Bildmitte erhebt sich der an der Grenze zu Bolivien gelegene, bedeutsame und imposante Vulkan Licancabur (5920 m), einst Kultstätte der Ureinwohner.

12 Farellones de Tara

En el altiplano de Antofagasta, tras avanzar unos 100 km al oriente en la nueva ruta a Argentina por el paso de Jama, se puede abandonar dicho camino para seguir por aventuradas huellas hasta el salar de Tara. El paisaje agreste que lo rodea presenta interesantes formaciones rocosas con farellones erosionados por la fuerza eólica. Sólo en un breve período estival, y en forma ocasional, pastores que tardan días en llegar con sus rebaños de camélidos, visitan estos aislados parajes.

Going east from San Pedro de Atacama and following the new route to Argentina (Jama pass) for about 100 km one can leave the road and venture along dirt tracks before reaching Tara Salt Lake. The wild landscapes surrounding Tara Salt Lake on the Altiplano of the Region of Antofagasta offer strangely shaped cliffs formed by wind erosion. Only during the short summer period, one can occasionally see shepherds arriving with their lamas at Tara Salt Lake after a long journey.

Begibt man sich von San Pedro de Atacama aus auf dem neuen Weg nach Argentinien (Jama Pass), so kann man nach etwa 100 km Fahrt durch das Altiplano Antofagastas abenteuerliche Spuren vorfinden, die bis zum Salar Tara führen. An seinen Ufern stösst man auf interessante, durch Wind erodierte Felswände. Nur während einer kurzen Periode im Hochsommer gelangen gelegentlich einige Lamahirten nach tagelanger Wanderung bis zu diesen abgelegenen Orten.

13 ARRIERO EN TOCONAO

Entre los personajes característicos de sectores aislados se incluye al arriero, que a menudo recorre junto a sus bestias grandes distancias para trasladar mercaderías y provisiones en sus pilcheros, manteniendo así el nexo entre su alejada morada con algún poblado. Un poco al sur del oasis de Toconao en la ribera oriental del salar de Atacama, este hombre cabalga por pleno desierto y bajo un agobiante sol en pos de quizás cuán alejado destino.

Typical for isolated places are the pack animal drivers which accompanied by their beast of burden ride long distances transporting merchandise and supplies mantaining the nexus between their remote dwellings and some hamlet. Few miles south of the Oasis of Toconao located on the east side of Salar de Atacama this man crosses the dry desert supporting an exhausting sun in pursuit of some distant destiny.

Typisch für entlegene Orte ist der "Arriero", ein Viehtreiber, der mit seinen Tieren oft grosse Entfernungen zurücklegt, um Ware und Lebensmittel zu befördern und so die Verbindung zwischen seiner Wohnstätte und einer Ortschaft aufrecht zu halten. Einige Kilometer südlich von der Oase Toconao am Ostrand des Salar de Atacama zieht dieser Mann unter einer erbarmungslosen Sonne durch die Wüste, um irgendein entferntes Ziel zu erreichen.

14 Laguna Miscanti

En el vasto territorio que se extiende al este del salar de Atacama, y por sobre los 4000 m de altitud, se ubica la laguna Miscanti. Junto a la vecina laguna Miñiques forma parte de la Reserva Nacional Los Flamencos, cuyas 74 000 há están divididas en siete sectores. Está rodeada por una infinitud de imponentes volcanes que se reflejan maravillosamente en sus transparentes aguas que emergen desde abajo de la tierra. Para acceder a la laguna se debe recorrer más de 100 km desde San Pedro hacia el paso Sico y desviarse por una precaria huella.

Lake Miscanti is located in the vast territory east of the Atacama Salt Lake at more than 4000 m.a.s.l. . Together with the neighboring Laguna Miñiques it is located in one of the seven sectors of Reserva Nacional Los Flamencos, a 74 000 hectares large protected area. It is surrounded by many large volcanoes brillantly reflected in the clear waters fed from sources far below the surface of the earth. The lake lies about 100 km south of San Pedro de Atacama, close to the Sico Pass road.

Im immensen Territorium, das sich östlich des Salar de Atacama erstreckt, stösst man auf den Hochandensee Miscanti. Zusammmen mit der benachbarten Laguna Miñiques liegt der See in einem der in sieben Teile gegliederten, 74 000 ha grossen Reserva Nacional Los Flamencos. Der auf über 4000 m Höhe gelegene See ist in eine imposante Vulkanlandschaft eingebettet, deren Gipfel sich wundervoll in den klaren Gewässern spiegeln. Das Wasser kommt aus den Tiefen der Erde. Um zum See zu gelangen, muss man etwa 100 km von San Pedro de Atacama aus in Richtung Sico-Pass fahren und einer prekären Spur folgen.

15 MOAIS EN ANAKENA

Con frecuencia se afirma que la misteriosa Isla de Pascua es tal vez la más aislada del mundo. Se encuentra a 3800 km de Santiago, lo que equivale a la distancia que separa a las ciudades extremas de Chile: Arica y Punta Arenas. Según la legendaria historia insular, el rey Hotu Matua desembarcó en el siglo V en la bahía de Anakena donde se encuentra el Ahu Nau Nau. Los Moais que se muestran están sobre una plataforma ceremonial (Ahu). De las siete imágenes ancestrales emplazadas, cuatro tienen un tocado (Pukao). El conjunto fue restaurado en 1978.

It is frequently said that the Easter Island is the most isolated one in the world. The air distance from Santiago, 3800 km, corresponds to a flight between Chile's northern - and southernmost cities, Arica and Punta Arenas. According to the legend of this island, King Hotu Matua disembarked in the Bay of Anakena in the fifth century where Ahu Nau Nau is located. The Ahu (ceremonial platform) is formed by seven Moais (ancestral images), four of them have a Pukao (topknot). The place was restored in 1978.

Es wird oft behauptet, dass die geheimnisvolle Osterinsel das einsamstgelegene Eiland der Welt sei. Die Luftliniendistanz von Santiago beträgt 3800 km, was der Entfernung zwischen der nördlichsten und südlichsten Stadt Chiles, Arica und Punta Arenas entspricht. In der Bucht Anakena, wo diese Moais stehen, soll - so die legendäre Inselgeschichte - König Hotu Matua etwa im 5. Jahrhundert gelandet sein. Die gezeigten Lavasteinskulpturen des Ahu (= Plattform) Nau Nau wurden 1978 restauriert, insgesamt sind es sieben Moais, vier davon sind mit ihren Pukaos (= Hauben) versehen.

16 Cordillera Claudio Gay

La vastedad del desierto de Atacama presenta zonas cuya soledad y aislamiento impactan. Por sobre los 4000 m de altitud y a unos 200 km al noreste de Copiapó, la irregular topografía andina presenta cañadones con curiosas erosiones eólicas. Tal es el caso de la cuenca del río Juncalito. Este serpentea entre las grandes cumbres andinas, generalmente volcánicas, que en parte conforman la llamada Cordillera Claudio Gay. Entre las montañas que aquí se muestran figura el cerro Azufrera de los Cuyanos que bordea los 6000 m de altitud.

Parts of the vast Atacama desert are so isolated and desolate that they are almost spooky. At over 4000 m altitude and some 200 km north-east of Copiapó, the irregular Andean topography features curious, wind-eroded ravines. That is the case of the basin of Río Juncalito. The river meanders through high Andean mountains, mostly of volcanic origin which in part form Cordillera Claudio Gay. Among the mountain shown is the close to 6000 m high Cerro Azufrera de los Cuyanos.

Die Weite der Atacama-Wüste birgt Gegenden von beeindruckender Einsamkeit und Verlassenheit. Auf über 4000 m ü.d.M. und etwa 200 km nordöstlich von Copiapó stösst man in der von Gebirgsketten durchzogenen Landschaft auf Cañons mit merkwürdigen, durch Winderosion entstandenen Formationen. Jenes ist der Fall vom Becken des Río Juncalito. Der genannte Fluss schlängelt sich durch hohe Andengipfel, meist vulkanischen Ursprungs, die zum Teil die Cordillera Claudio Gay bilden. Zu den abgebildeten Bergen gehört auch der fast 6000 m hohe Cerro Azufrera de los Cuyanos.

17 Isla Damas

Frente a las costas del sur de la Región de Atacama y norte de la Región de Coquimbo, un conjunto de islas (Choros, Damas y Chañaral), integran la Reserva Nacional Pingüino de Humboldt. En ellas es posible observar una notable variedad de fauna en que destacan pingüinos, lobos de mar, pelícanos, chungungos y delfines. También sorprende la flora que incluye variadas cactáceas. En la isla Damas, accesible en bote desde la caleta Punta Choros, atraen sus blancas playas y transparentes aguas.

Reserva Nacional Pingüino de Humboldt is a protected area formed by the islands Choros, Damas and Chañaral and is located in front of the coast of southern Atacama and northern Coquimbo Regions. Here it is possible to observe an interesting fauna; highlights are the pinguins, pelicans, sealions, "Chungungos" (a sort of seaotter) and dauphins. The flora including a variety of cactuses is also surprising. On Isla Damas, accessible by boat starting in Punta Choros Cove, the white sand and the transparency of the ocean is a special attraction.

Das Naturschutzgebiet Reserva Nacional Pingüino de Humboldt ist eine der Küste im Süden der Region Atacama und im Norden der Region Coquimbo vorgelagerte Inselgruppe. Auf den Inseln Choros, Damas und Chañaral kann man eine abwechslungsreiche Tierwelt beobachten. Dazu zählen u.a. Pinguine, Seelöwen, Pelikane, "Chungungos" eine Fischotterart und Delphine. Ebenso überrascht die Flora, die eine Vielfalt an Kakteen bietet. Die weissen Strände und das klare Wasser der Insel Damas, die man vom Fischerort Punta Choros mit einem Boot erreichen kann, sind ebenfalls ein lohnendes Ziel.

18 Desierto florido

El extremo norte del desierto de Atacama está catalogado como uno de los más áridos del mundo. Al sur de la ciudad de Copiapó, las cada vez más escasas y ocasionales lluvias, generan a las pocas semanas un maravilloso tapiz de flores que da vida a estas tierras. La vista corresponde a un sector contiguo a la principal carretera de Chile, la Panamericana o ruta 5, en un lugar equidistante de las ciudades de Vallenar y Copiapó, unos 730 km al norte de Santiago.

The northern part of the Atacama Desert is said to be the driest known desert in the world. To the south of the City of Copiapó, the increasingly seldom and occasional precipitations in winter, produce a marvellous flower carpet a few weeks after the rain. The view corresponds to a place close to Chile's main highway, called Ruta 5 or Panamericana, halfway between the cities of Vallenar and Copiapó, 730 km north of Santiago.

Der nördliche Teil der Atacama Wüste gilt als die trockenste Wüste der Welt. Südlich der Stadt Copiapó erzeugen die zunehmend seltener werdenden gelegentlichen Niederschläge wenige Wochen später einen prächtigen Blütenteppich. Das Bild entstand unmittelbar an der Panamericana oder auch Ruta 5 genannten, wichtigsten Fernstrasse Chiles, 730 km nördlich von Santiago auf halbem Weg zwischen Vallenar und Copiapó.

19 Tren minero

Los antaño frecuentes trenes constituyen hoy en día una verdadera rareza. Fue justamente la minería la que dio vida a los ferrocarriles del norte que se integraron en una red que en lo fundamental unía La Calera con Iquique. Hoy sólo se opera escasamente el tramo Coquimbo - María Elena. Es particularmente notable que en 1992 se construyeran nuevas líneas para transportar el mineral de hierro desde Los Colorados hasta el puerto de Huasco. Por ellas circula el tren minero que va serpenteando a través de un desierto florido al norte de Vallenar.

The in other times frequently running trains are nowadays a rarety. Thanks to the mining activities appeared the railways in northern Chile which lateron integrated to a net from La Calera to Iquique. Today only the stretch from Coquimbo to María Elena is seldom used. It is particularely remarkable that as recent as 1992 a new line was built in order to transport iron minerals from Los Colorados to the Port of Huasco. On these rails a loaded train is meandering through a blooming desert north of Vallenar.

Die einst oft fahrenden Züge sind heute eine wirkliche Seltenheit. Durch die verschiedenen Minen des Nordens entstanden die ersten Eisenbahnen, die dann vernetzt die Verbindung von La Calera und Iquique ermöglichten. Heute wird nur noch gelegentlich der Abschnitt Coquimbo - María Elena genutzt. Daher ist es besonders auffallend, dass 1992 eine neue Strecke gebaut wurde, um das Eisenerz von Los Colorados bis zum Hafen Huasco zu befördern. Auf diesem Geleise schlängelt sich der abgebildete Zug durch die blühende Wüste nördlich von Vallenar.

20 VALLE ELQUI

La irregular topografía del Norte Chico se caracteriza por los valles transversales surcados por esteros y ríos. En esta zona semidesértica, donde se combinan las actividades mineras y agrícolas, desde hace cerca de un milenio se cultivan las tierras del valle de Elqui. Las cristalinas aguas que descienden velozmente del macizo andino al cercano Pacífico, transforman el desierto en suelo fértil; el sol, que calienta durante todo el año, madura las uvas que generan el preciado Pisco por el cual la región es famosa.

The irregular topography of the "Norte Chico" is characterized by the many mountain chains that enclose the transversal valleys. In this semidesertic area where agriculture coexists with mining activities the Elqui Valley has been farmed for almost one thousand years. The cristal-clear waters rapidly descending from the Andean mountains to the nearby Pacific turn the desert into fertile soil. The sun that shines the year round ripens the grapes which produce the appreciated Pisco the region is famous for.

Das Landschaftsbild des sog. Norte Chico ist durch endlose Gebirgszüge geprägt. In dieser Gegend der Halbwüste, wo Berg- und Ackerbau nebeneinander betrieben werden, stösst man auf das seit etwa tausend Jahren landwirtschaftlich genutzte Elqui-Tal. Die trockene Wüste wird von kristallklaren Bächen, die von den Anden zum nahen Pazifik eilen, zu fruchtbarem Boden umgewandelt. Dank der ganzjährig scheinenden Sonne wachsen äusserst schmackhafte Trauben, aus denen der geschätzte Pisco erzeugt wird, der wesentlich zum wohlverdienten Ruf dieser Region beiträgt.

21 CHUNGUNGO

Las ocasionales lluvias y la camanchaca - niebla costera del norte - generan en primavera una atractiva y multicolor abundancia de flores que decora el otrora desértico paisaje del litoral del Norte Chico. Chungungo, una pintoresca caleta ubicada 70 km al norte de La Serena, cuyo nombre deriva del mamífero Lutra felina - una nutria marina - , se abastecía justamente de agua captada en un atrapanieblas, hoy lamentablemente en desuso. Próximo al poblado destacan coloridas flores entre las que se incluyen suspiros del campo, añañucas, flores del incienso y alstroemerias.

The occasional precipitations and "camanchaca" - coastal mist of northern Chile - produce a spectacular flower carpet in the usuallly arid lands of the so called Norte Chico. Chungungo, a picturesque cove located 70 km north of La Serena and named after a sort of seaotter (Lutra felina) obtained drinking water from fog collectors installed in the heights nowadays unfortunately out of use. Close to the hamlet different species of native flora can be observed.

Die gelegentlichen Niederschläge und "camanchaca" - Küstennebel Nordchiles - erzeugen im Frühling einen bezaubernden Blütenteppich in dieser sonst kargen Landschaft des sog. Norte Chico. Chungungo, ein malerischer Fischerhafen, der 70 km nördlich von La Serena liegt und nach einem Seeotter (Lutra felina) so genannt wurde, erhielt das Trinkwasser durch Nebelkollektoren die in den höheren Lagen aufgestellt wurden; heutzutage ist die Anlage leider nicht mehr im Gebrauch. Nicht weit vom Dorf stösst man u.a. auf verschiedenartigste endemische Blumenarten.

22 TULAHUÉN

La escasa agricultura del semidesértico Norte Chico se concentra en sus valles transversales. A orillas del río Grande, en la cuenca del Limarí, al interior de Ovalle se han formado una serie de pintorescos poblados como Carén, Tulahuén y Las Ramadas. Entre los dos últimos, encontramos este típico rincón del campo chileno con sus cordilleras nevadas en primavera. Cerca de aquí se extrae la tan preciada piedra de lapislázuli, utilizada en joyería que ha dado fama al país.

The scant and diminishing agriculture of the Norte Chico, a semidesertic region is settled only in the transversal valleys. In the one of Río Grande - a tributary of Río Limarí - picturesque hamlets appear: Carén, Tulahuén and Las Ramadas among others. Continuing along the Río Grande, one gets to a typically Chilean countryside with the snow-capped mountains in spring providing the backdrop. Lapis lazuli, the bright blue precious stone used in jewellery for which Chile is famous, is mined near here.

Einzig in den Seitentälern des von Halbwüste geprägten Norte Chico erhält sich eine - wenn auch schrumpfende - Form der Landwirtschaft. Im Tal des Río Grande - eines Nebenflusses des Limarí - entstanden verschiedene malerische Ortschaften, wie etwa Carén, Tulahuén und Las Ramadas. Hier stösst man auf dieses typische Landschaftsbild Chiles mit einer frisch verschneiten Kordillere. In den höheren Lagen wird der geschätzte Lapislazuli-Stein abgebaut. Der damit hergestellte Schmuck geniesst einen wohlverdienten Ruf.

23 VALLE ACONCAGUA

El río Aconcagua que desciende entre los más australes cordones transversales, marca el inicio del Chile Central. Las planicies de su valle albergan cultivos hortofrutícolas que constituyen una importante fuente alimentaria para el país, además de significativos aportes como bienes de exportación. Internándose por el valle que se encajona en el macizo andino, se puede observar, junto a la carretera a Argentina, el veloz caudal que da vida a los tan característicos álamos que adornan el campo chileno y aquí ya lucen el dorado otoñal.

Descending through the southernmost east-west mountain chains Río Aconcagua marks the begin of Central Chile. Fruit and vegetables of the plains of the valley are an important food supply for the country's inhabitants and also a significative contribution as exported produces. Close to the road leading towards Argentina and which follows the narrowing valley, the swiftly descending waters feed poplars, typical in Chileans countryside - here their golden colours announce the beginning of autumn.

Zwischen den südlichsten Ost-West Ausläufern der Andenkette schlängelt sich der Río Aconcagua und markiert so den Beginn der sog. Zentralzone Chiles. In den intensiv genutzten Ebenen des Tales erzeugt man Obst und Gemüse, das bedeutsam zur Nahrung des Landes beiträgt und dessen Export wichtige Devisen einbringt. Begibt man sich durch das sich verengende Kordillerental, kann man neben der Strasse nach Argentinien die raschen Gewässer beobachten; am Ufer wachsen die das typische chilenische Landschaftsbild prägenden Pappeln, ihre goldene Färbung deutet auf den Herbstbeginn.

24 Laguna del Inca

Internándose por la carretera que serpentea primero por el valle del río Aconcagua y luego se aparta de él para cruzar el macizo andino por debajo del Cristo Redentor, se accede al centro de esquí Portillo muy próximo a la frontera. Junto a él y enclavada a 2850 m en la imponente cordillera, se encuentra la laguna del Inca. No tiene desagüe aparente. El telón de fondo conocido como los Tres Hermanos que se refleja en sus aguas, es parte del cordón divisorio con la República Argentina.

Following the highway first winding close to the Aconcagua river and then parting from it to cross the Andean massif below the "Cristo Redentor" we arrive at Portillo ski center, very close to the Argentinian border. Next to it, 2850 m high in the majestic Andes, is the Laguna del Inca, with no obvious drainage. The background formed by the reflecting mountains "Tres Hermanos" is a part of the continental divide.

Folgt man der Strasse, die sich zunächst das Aconcagua Tal hinaufschlängelt und dieses dann verlässt, um die Andenkette unter dem Denkmal des Cristo Redentor zu durchqueren, gelangt man in das grenznahe Skigebiet Portillo. Von gewaltigen Gebirgszügen umringt, liegt dort auf einer Höhe von 2850 m die Laguna del Inca. Sie hat keinen sichtbaren Abfluss. Die Kulisse im Hintergrund, als Tres Hermanos bekannt, ist ein Teil der zur Wasserscheide gehörenden Gipfel.

25 Isla Robinson Crusoe

Teniendo esta vista, el marinero escocés Alexander Selkirk, desembarcado y abandonado aquí en 1704, se instalaba a observar el inmenso Pacífico en espera de un navío que lo rescatara de su vida solitaria, hasta que finalmente fue recogido por los corsarios Rogers y Cook en 1709. Separada por casi 700 km del continente, la isla Robinson Crusoe debe su nombre a la famosa novela de Daniel Defoe. La vista muestra el extremo occidental, en segundo plano está la isla contigua Santa Clara.

From here the abandoned Scottish sailor Alexander Selkirk watched the emptiness of the Pacific Ocean for almost five years, awaiting a ship to rescue him. Finally he was released from his solitary life by the corsaries Rogers and Cook, in 1709. Distant almost 700 km from the continent the island was named after Daniel Defoe's famous character in his novel Robinson Crusoe. The picture shows the western point of the island and the neighboring Island of santa Clara.

Von diesem Punkt aus hielt der 1704 ausgesetzte Matrose Alexander Selkirk während fünf Jahren immer wieder Ausschau auf den weiten Pazifik, bis ihn eines Tages die Korsare Rogers und Cook endlich von seinem Einsiedlerleben befreiten. Nach der berühmten Romanfigur Daniel Defoes wurde die annähernd 700 km vom Festland entfernte Insel Robinson Crusoe benannt. Das Bild zeigt die Westspitze des Eilands, im Hintergrund ist die Nachbarinsel Santa Clara erkennbar.

26 Santiago de Chile

Con el nombre de San Yago de la Nueva Extremadura se fundó el 12 de febrero de 1541 la capital de Chile. En 1810 tenía apenas 37 000 habitantes, en 1940 supera el millón y según el censo de 2002 Santiago cuenta con 5.4 millones que ocupan la no despreciable área de 600 km². Se reconocen acá parte del sector oriente con la Embajada de Estados Unidos en primer plano, luego la Avenida El Bosque y el conjunto de edificios que algunos jocosamente denominan Sanhattan. El telón de fondo es la Cordillera de los Andes en uno de los excepcionales días con buena transparencia, con la cima del cerro San Ramón o De Ramón de 3250 m a la izquierda.

The capital of Chile was founded on February 12, 1541, under the name of San Yago de la Nueva Extremadura. In 1810 it had hardly 37 000 inhabitants, over one million in 1940 and according to the 2002 census Santiago accounts 5.4 million spread on considerable 600 km². The view shows a part of the eastern sector with the US Embassy in the foreground followed by Avenida El Bosque and the new skyline which is jokefully called Sanhattan. In the background appears the Andean Range on an exceptional and unpolluted day with the 3250 m high summit of Cerro San Ramón on the left.

Chiles Hauptstadt wurde am 12. Februar 1541 mit dem Namen San Yago de la Nueva Extremadura gegründet. 1810 zählte die Stadt knapp 37 000 Einwohner, 1940 überschritt sie die Millionengrenze. Laut der Volkszählung 2002 sind es 5.4 Millionen, die auf der beachtlichen Fläche von 600 km² leben. Das Bild zeigt einen Teil des Ostens der Stadt; im Vordergrund sieht man das Gebäude der US Botschaft und dann die Avenida El Bosque und die sie umgebende Skyline, spasseshalber Sanhattan genannt. Im Hintergrund erscheint nach einem Regentag in vollem Glanz die Andenkette; links erhebt sich der 3250 m hohe Cerro San Ramón.

27 Volcan San José

Internándose por el cajón del río Maipo al sureste de Santiago y prosiguiendo por su afluente, el río Volcán, se llega, tras 70 km de recorrido, a la localidad de lo Valdés a 2000 m de altura. Desde ella se tiene imponentes vistas de las altas cumbres andinas: hacia el norte se ubica el cerro Morado y hacia el oriente el aún activo volcán San José, cuya cumbre está casi 4000 m por sobre el lugar en que se obtuvo esta toma. Este volcán que forma parte del cordón divisorio con Argentina, no ha tenido erupciones significativas en los últimos 600 años, pero es sin duda potencialmente riesgoso por su gran cercanía de la capital.

Entering the Río Maipo valley near Santiago in south-east direction and following the course of one of its tributaries, the River Volcán, the hamlet of Lo Valdés at 2000 m altitude is reached after 70 km. The place offers imposing views of Andean peaks: to the north appears Cerro Morado and to the east the still active Volcán San José whose summit is 4000 m above the place where this picture was obtained. This volcano on the borderline to Argentina had no significant eruption in the last 600 years but is obviously a potential risk for the close capital.

Begibt man sich durch das südöstlich von Santiago gelegene Maipo Tal und anschliessend durch das Seitental des Río Volcán, erreicht man nach etwa 70 km den auf 2000 m Höhe gelegenen Gebirgsort Lo Valdés. Von hier aus hat man einen imposanten Ausblick auf die Zentralanden: im Norden erscheint der Cerro Morado, und im Osten blickt man auf den Volcán San José, dessen Gipfel etwa 4000 m über den Standort dieser Aufnahme emporragt. Dieser Vulkan an der Grenze zu Argentinien hatte in den letzten 600 Jahren keinen nennenswerten Ausbruch, ist aber ein Risikofaktor für die nahegelegene Hauptstadt.

28 Desembocadura del río Rapel

Provenientes de la alta cordillera, los ríos Tinguiririca y Cachapoal confluyen en el embalse Rapel, donde decantan sus arenas y alimentan la central hidroeléctrica homónima. Desde aquí las aguas fluyen tranquilamente otros 30 km hasta alcanzar el mar en este lugar. En primavera estos campos "bordados de flores" alegran a quienes huyen del mundanal ruido de la capital distante sólo 160 km. En la desembocadura y también en el mar los aficionados a la navegación a vela disfrutan de las excelentes condiciones de viento.

With their source in the high Andean range, the Rivers Tinguiririca and Cachapoal flow into the Rapel reservoir where their sediments are deposited and the waters feed the hydro-electric power station of the same name. From here they flow quietly another 30 km to the sea. In spring these flower-covered fields delight the persons who escape from the wordly din of the capital, only 160 km away. Sailing enthusiasts enjoy the excellent wind conditions of the estuary, and of the sea.

Die in der Hochkordillere entspringenden Flüsse Tinguiririca und Cachapoal fliessen in den Stausee Rapel wo sie den mitgeführten Sand ablagern und anschliessend das gleichnamige Kraftwerk versorgen. Danach erreichen die ruhigen Gewässer nach etwa 30 km an dieser Stelle das Meer. Im Frühling erfreuen sich die von der nur 160 km entfernten, turbulenten Hauptstadt flüchtenden Besucher am Blütenteppich, der diese Felder bedeckt. In der Mündung und auch im Meer nutzen Surfer die günstigen und oft starken Winde.

29 TOPOCALMA

Un importante y hermoso accidente del litoral central es la punta Topocalma, ubicada a mitad de camino entre la desembocadura del río Rapel y el balneario de Pichilemu. Su acceso restringido ha contribuido a mantener el entorno de este lugar cuyas laderas en primavera se cubren de flores, especialmente cactáceas. Continuando por la extensa playa que se extiende hacia el norte, se accede a la modesta caleta de Puertecillo y casi junto al morro en que se captó esta vista, un faro orienta los navíos.

An important and attractive point on Chile's central coastline is Topocalma, located just halfway between the mouth of the Rapel River and Pichilemu. Because its access is restricted the area is well preserved and in springtime the flower-covered slopes - mainly cacti - offer a special delight. Following the long beach extending to the north one arrives at the small fishing hamlet Puertecillo and close to the place where this photograph was taken a lighthouse illuminates the way for passing boats.

Eine markante und schöne Spitze der Küste der Zentralzone ist Topocalma ziemlich genau auf halbem Weg zwischen der Mündung des Flusses Rapel und dem Ort Pichilemu. Der beschränkte Zugang hat hier sicher zur Erhaltung der Umwelt beigetragen, im Frühling erfreut man sich am Blütenmeer - vor allem Kakteen - das die Hänge bedeckt. Folgt man dem Strand, der sich in nördlicher Richtung erstreckt, gelangt man zum Fischerort Puertecillo, und nahe des Standorts dieser Aufnahme hilft ein Leuchturm den Schiffen bei der Orientierung.

30 Quisco

En Topocalma, lugar descrito en la foto anterior, fue captada esta cactácea (Neoporteria subgibbosa) que comúnmente se denomina quisquito o cacto rosado. Su tallo puede alcanzar hasta un metro de largo y 20 cm de diámetro y en gran tamaño suele recostarse. Es un cacto relativamente abundante cuya área de dispersión es bastante extensa y se le puede observar entre Coquimbo y Concepción, habitualmente en los roqueríos costeros.

In Topocalma, place described in the preceding photo, was captured this cactus (Neoporteria subgibbosa) communly named "quisquito" or "cacto rosado". The stam can reach a length of one meter and a diameter of 20 cm and the larger ones usually lie down on the ground. It is a relatively abundant cactus growing in an extense area and can be found from Coquimbo to Concepción, mainly in coastal rocks.

In Topocalma, Ort der beim vorangehenden Bild beschrieben wurde, entstand die Aufnahme von diesem Kaktus (Neoporteria subgibbosa), der gewöhnlich "Quisquito" oder "Cacto rosado" genannt wird. Der Stamm kann bis zu einer Länge von einem Meter heranwachsen, der Durchmesser erreicht bis zu 20 cm und grössere Exemplare liegen normalerweise am Boden. Es ist ein verhältnismässig oft anzutreffender Kaktus, und er kann vor allem an Felsen in Küstennähe zwischen Coquimbo und Concepción beobachtet werden.

31 VOLCÁN PLANCHÓN

S obre los 2500 m y 90 km al oriente de la ciudad de Curicó, se encuentran las lagunas del Teno. Reciben los deshielos del volcán Planchón, cumbre andina de 3920 m en la frontera con Argentina. Sólo en el período estival se habilita un camino que por el paso Vergara conduce al vecino país; un desvío de éste permite alcanzar, tras un áspero y sinuoso recorrido, la orilla de la laguna mayor.

About 90 km eastwards from the City of Curicó and at an altitude exceeding 2500 m, we find the Teno lagoons that collect the thawing ice from the Planchón Volcano, a peak rising above 3920 m on the border with Argentina. Only during summer a road leading to the neighboring country through the Vergara Pass is opened; following a rough and sinuous deviation it is possible to reach the border of the bigger lagoon.

Auf über 2500 m Höhe und 90 km östlich der Stadt Curicó liegen die Seen des Teno. Grösstenteils werden sie durch das Schmelzwasser des Vulkans Planchón gespeist, dessen 3920 m hoher Gipfel die Grenze mit Argentinien bildet. Nur während der Sommermonate wird ein Weg, der über den Vergara Pass ins Nachbarland führt, geöffnet; folgt man einem kurvenreichen und holprigen Seitenweg, erreicht man das Ufer der grösseren Lagune.

32 PLAYA MERQUICHE

Con varios miles de kilómetros de costa, Chile ofrece una variedad difícilmente superable de playas, a menudo solitarias. A unos 50 km al norte de la populosa ciudad de Concepción y tras continuar por la ruta costera entre Dichato y la desembocadura del río Itata, se llega a Merquiche, una pequeña caleta y playa azotada con frecuencia por el oleaje del Pacífico embravecido. Pero no sólo sus agitadas aguas constituyen un desafío para los potenciales bañistas: aun en pleno verano, las aguas escasamente sobrepasan los 14° C.

With its several thousand miles of coastline, Chile provides a hardly surpassable variety of beaches, often solitary. About 50 km north of the crowded City of Concepción and following the coastal road from Dichato to the mouth of Río Itata, Merquiche a small cove and beach frequently exposed to Pacific brakers, is reached. But not only the wild water is a challenge for eventual bathers: even in summer water temperature hardly passes 14° C (57° F).

Mit einigen Tausend Kilometern Küste bietet Chile eine wohl schwer zu übertreffende Vielfalt an oft menschenleeren Stränden. Etwa 50 km nördlich vom dichtbevölkerten Concepción und wenn man der Küstenstrasse von Dichato zur Mündung des Río Itata folgt, gelangt man nach Merquiche, einem kleinen Fischerort und Strand, der oftmals durch die Brecher des Pazifiks bestraft wird. Aber nicht nur die wilden Gewässer sind für vermeintliche Badegäste eine Herausforderung: selbst im Hochsommer erreicht das Meer nur knapp über 14 Grad.

33 Lago Lleulleu

En la vertiente occidental de la Cordillera de Nahuelbuta se ubica el lago Lleulleu. Sus templadas y cristalinas aguas están rodeadas por serranías a menudo erosionadas tras la destrucción del tapiz vegetal (explotación y roces) que antaño las cubría. Muchos sectores han sido reforestados con plantaciones - fundamentalmente de pino insigne - y es así como esta zona lamentablemente ha sido en tiempos recientes fuente de crecientes focos de violencia: los pobladores mapuches originarios de esta provincia (Arauco) reivindican tierras que alguna vez les pertenecieron.

On the western slopes of the Cordillera de Nahuelbuta is Lake Lleulleu. Its clear and temperate waters are surrounded by ranges of mountains often eroded after the destruction of the vegetation (exploitation and fires) that once covered them. Many sectors have been reforested with plantations - mainly introduced pines - and so regrettably things turned this area in recent times into one of serious and violent conflicts: the Mapuche indigenous people, natives of this province (Arauco) claim the land that once belonged them.

An den Westhängen der Cordillera de Nahuelbuta liegt der Lleulleu-See. Seine angenehmen und sauberen Gewässer sind teilweise umringt von Gebirgszügen, die durch Waldbrände und Abholzung erodierten. In vielen Gebieten wurde aufgeforstet, meistens Föhren. Kehrseite dieser Entwicklung sind jedoch die zunehmenden Unruhen und Gewaltaktionen der Mapuche Indianer, der Ureinwohner dieser Provinz (Arauco), welche gegen die heutigen Eigentümer protestieren und den Besitz der einst ihnen gehörenden Länder zurückfordern.

34 Boca Budi

Al poniente de la ciudad de Temuco entre las cuencas de los ríos Imperial y Toltén, se encuentra el lago Budi. Lo rodean los suaves lomajes de la Cordillera de la Costa. Sus aguas salobres y poco profundas (menos de 10 m) cubren unos 50 km² de un enjambre de bahías, penínsulas e islas. Se conectan con el mar a través de un río cuya desembocadura tiene una barra que suele cerrarse. Un poco más al oriente lo cruza un recientemente construido puente en la controvertida ruta costera que penetra estas tierras, pobladas mayoritariamente por indígenas mapuches, que viven de la agricultura y de una modesta pesca y que ven amenazado su hábitat.

To the west of the City of Temuco between the Imperial and Toltén Rivers, appears Lago Budi. It is encircled by the gentle hills of the coastal range, practically nonexistent in this area. The salt water of the scarcely 10 m deep lake covers nearly 50 km² and includes innumerable bays, isles and peninsulas. The lake connects with the ocean through a river whose mouth is frequently blocked by sandbanks. Close to the place shown, a recently built bridge on the controverted coastal road penetrates this lands inhabited mainly by Mapuche aboriginals supporting themselves from agriculture and fishing and which consider that their habitat is threatened.

Westlich der Stadt Temuco, zwischen den Flüssen Imperial und Toltén, befindet sich der Budi-See. Er ist umringt von den sanften Hügeln der in dieser Gegend kaum vorhandenen Küstenkordillere. Das salzhaltige Wasser des knapp 10 m tiefen Sees bedeckt eine etwa 50 km² grosse Fläche von unzähligen Buchten, Inseln und Halbinseln. Ein oft durch Sandbänke blockierter Fluss verbindet den See mit dem Ozean. Unweit der gezeigten Stelle überquert eine erst kürzlich fertiggestellte Brücke der umstrittenen Küstenstrasse das vorwiegend von Mapuche Indianern bewohnte Land: diese sehen, dass ihre Umwelt bedroht ist.

35 CORDILLERA DE LAS RAÍCES

La Cordillera de las Raíces, en la Región de la Araucanía, es un cordón montañoso que junto a los volcanes Llaima, Sierra Nevada, Lonquimay y Tolhuaca, dificulta el acceso al alto Biobío. La cruza un sinuoso camino que conduce a Lonquimay y alrededores. En invierno suele cubrirse de nieve y el acceso al oriente de estas serranías sólo es posible por un túnel ferroviario hoy abandonado. En las alturas de estas tierras mapuches se yerguen majestuosamente las milenarias araucarias.

The Raíces mountain range in Araucanía Region, together with the Llaima, Sierra Nevada, Lonquimay and Tolhuaca volcanoes makes access to the upper reaches of the Biobío difficult. To cross means taking a windy road to Lonquimay and its surroundings. In winter it is often covered with snow, and to go east of these mountains one has to pass through a now abandoned railway tunnel. Ancient araucaria trees rise up majestically over these Mapuche highlands.

Die Cordillera de las Raíces in der Region Araucanía ist ein Gebirgszug, der mit den Vulkanen Llaima, Sierra Nevada, Lonquimay und Tolhuaca den Zugang zum Oberlauf des Río Biobío erschwert. Ein kurvenreicher Weg, der die Kette in Richtung Lonquimay und Umgebung überquert, ist im Winter wegen der Schneemassen gesperrt; ein verlassener Bahntunnel ermöglicht die Verbindung nach Osten. In den höheren Lagen dieser hauptsächlich von Mapuche-Indianern besiedelten Gegend ragen majestätische, jahrhundertealte Araukarien empor.

36 Cráter Navidad

Tras permanecer tranquilo durante un siglo, el volcán Lonquimay (o Mocho) se reactivó al aparecer el cráter Navidad (25 de diciembre de 1988) en su faldeo oriental. El escurrimiento de material cubrió grandes superficies, arrasando e incendiando a su paso centenarias araucarias como las de esta vista captada tres días después del inicio de la erupción. Peor aún fue la lluvia de cenizas y la toxicidad de los gases que afectaron a pobladores y animales.

After a state of rest of one hundred years the Volcano of Lonquimay violently erupted on December 25, 1988, producing the new crater "Navidad" on its eastern slope; lava covered extensive areas, thus distroying portly araucarias as those shown in the photograph (taken three days after the eruption). The constant ash-rain and the dangerous gases set free caused a permanent danger for the inhabitants and animals of the surroundings.

Erstmals seit 1889 wurde der Vulkan Lonquimay wieder aktiv, wobei am 25. Dezember 1988 an seinem Osthang der neue Krater Navidad entstand. Grosse Flächen wurden vom Lavastrom verschüttet. Jahrhundertealte Araukarien, wie die auf der drei Tage nach dem ersten Ausbruch entstandenen Aufnahme, verbrannten. Der Aschenregen und die freiwerdenden Gase bedeuteten für Menschen und Tiere in dieser Gegend eine lang anhaltende Bedrohung.

37 PARQUE NACIONAL CONGUILLIO

Cubriendo cerca de 600 km² en el macizo andino, 130 km al este de la ciudad de Temuco, se ubica el Parque Nacional Conguillío. Por sus múltiples atractivos escénicos, junto a una interesante y variada flora y fauna, es uno de los más visitados del sur de Chile. Entre las especies arbóreas destacan las imponentes araucarias, el ciprés de la Cordillera, el lleuque, el canelo andino, el raulí y la lenga. Estos dos últimos son particularmente llamativos por su notable coloración en otoño, como aquí se observa en el sector de la laguna Verde.

Covering nearly 600 km² in the Andean range, and 130 km east of Temuco Conguillío National Park is located. Due to the multiple scenic attractions including an interesting and varieted flora and fauna it is one of the most visited parks in southern Chile. Among the outstanding species of trees is the araucaria (Araucaria araucana), ciprés de la Cordillera (Austrocedrus chilensis), lleuque (Podocarpus andinus), canelo (Drimys winteri), raulí (Nothofagus alpina) and lenga (Nothofagus pumilio). Specially the last two ones mentioned acquire a marvelous color in autumn as to be seen here in the area of Laguna Verde.

Der 130 Strassenkilometer östlich von Temuco gelegene Nationalpark Conguillío erfasst über 600 km² des Andenmassivs. Dank der Vielfalt von schönen Landschaften, die eine interessante und abwechslungsreiche Flora und Fauna einschliessen, zählt der Park zu den meistbesuchten Süd-Chiles. Zu den hervorstehenden Baumarten gehören die Araukarie (Araucaria araucana), der "Ciprés de la Cordillera" (Austrocedrus chilensis), der "Lleuque" (Podocarpus andinus), der "Canelo" (Drimys winteri), der "Raulí" (Nothofagus alpina) und die "Lenga" (Nothofagus pumilio). Vor allem die zwei zuletzt genannten erreichen im Herbst, wie hier das an der Laguna Verde entstandene Bild zeigt, eine wundervolle Verfärbung.

38 Lago Villarrica

La belleza escénica junto a sus agradables aguas hacen del lago Villarrica uno de los mayores polos de atracción turística, tanto de la Región de la Araucanía en que se encuentra, como también del país. Ha habido una considerable expansión urbana, y en parte bastante temeraria, hacia los faldeos del volcán homónimo de 2840 m de altitud, que siendo uno de los más activos en toda la extensión de la Cordillera de los Andes ha tenido violentas erupciones. Desde la ribera norte se observa todo con algo más de distancia y seguridad.

The beautiful scenery and the pleasant temperature of the Lake of Villarrica turned this area of the Araucanía Region into one of Chile's main touristic attractions. Considerable urban expansion took place, including risky settlements on lavafields of the Volcano of Villarrica (2840 m) which is one of the most active in the entire Andean Range with violent eruptions. From the northern shore everything can be observed at a safe distance.

Die ansprechende Landschaft der Umgebung Villarricas und die angenehme Temperatur des gleichnamigen Sees machten aus dieser Gegend eines der bedeutendsten Reiseziele, nicht nur der Region Araucanía, in der er liegt, sondern ganz Chiles. Darauf folgte eine zum Teil riskante Ausdehnung der Ortschaften bis zu den Lavafeldern des 2840 m hohen Vulkans Villarrica, der zu den aktivsten der gesamten Andenkette zählt. Vom Nordufer des Sees kann man alles in sicherer Entfernung beobachten.

39 VALDIVIA

Para quienes recorren el sur de Chile, la ciudad que Pedro de Valdivia fundara en 1552, en la estratégica confluencia de los ríos Callecalle y Cruces, que aquí aparece en segundo plano, es un lugar de visita obligada. La historia no ha sido muy generosa con esta ciudad fluvial que alguna vez fue la segunda de Chile: destrucciones por sublevaciones mapuches, visitas nefastas de corsarios, gigantescos incendios, terremotos e inundaciones. Entre 1850 y 1875 Valdivia recibió un significativo contingente de origen alemán, cuya trascendental influencia se percibe en todo el sur y, por cierto, no sólo ahí. El centro de la ciudad de 140 000 habitantes está a la izquierda, aparecen un vértice de la Plaza, la catedral y el puente a la isla Teja.

For those travelling in Southern Chile, a visit to the city founded by Pedro de Valdivia in 1552, strategically located at the confluence of the rivers Callecalle and Cruces, in the background, is a must. History has not been kind to this city, which was once the second biggest in Chile: ravaged by Mapuche revolts, ransacked by pirates, razed by enormous fires, destroyed by earthquakes and floods. Between 1850 and 1875, Valdivia received a significant number of German immigrants whose influence can be felt throughout the south, as well as in other parts of Chile. The center of the 140 000 inhabitants city is on the left, a corner of the "plaza", the new cathedral and the bridge to Isla Teja can also be seen.

Für all jene, die Südchile bereisen, ist die von Pedro de Valdivia im Jahre 1552 gegründete Stadt, ein obligates Ziel; gelegen am abgebildeten strategischen Zusammenfluss der Flüsse Callecalle und Cruces. Seitdem ist die Stadt Valdivia, die einst die zweitgrösste des Landes war, hart geprüft worden: Zerstörungen durch Aufstände der Mapuche-Indianer, Überfälle von Piraten, vernichtende Brände, Erdbeben und Überschwemmungen. Zwischen 1850 und 1875 erfolgte die bedeutende Einwanderung der Deutschen, deren Einfluss im gesamten Süden, und nicht nur hier, bemerkenswert ist. Das Zentrum der 140 000-Einwohner Stadt ist links, zu sehen sind eine Ecke der "Plaza", die Kathedrale und die Brücke zur Insel Teja.

40 Lago Pirehueico

El Pirehueico, integrante del más importante sistema lacustre de la nueva Región de los Ríos, recibe las aguas del lago Lacar (Argentina) que luego vacía al Panguipulli por el río Fui, el cual nace justo aquí. Aún hoy es posible navegar por el lago especialmente en invierno, pues por su baja cota (600 m) el paso al país trasandino por Huahum no se cierra con las nevadas que normalmente cubren los caminos cordilleranos de la zona. La vista corresponde a un amanecer en Puerto Fui desde donde zarpan las embarcaciones hacia el oriente.

The Lake of Pirehueico is part of the most important lake district of the recently created Región de los Ríos. Receiving the waters from Lake Lacar (Argentina) it empties into the Panguipulli by the River Fui starting right here. Today it is even possible to navigate on the lake especially in winter. Because of its low altitude (600 m) the border can be crossed at Huahum while most other roads in the area are covered with snow. The view corresponds to a sunrise in Puerto Fui, departure point for boats going east.

Der Pirehueico See gehört zur wichtigsten Seenplatte der neuen Región de los Ríos. Vom Osten her wird er vom Lacar See (Argentinien) gespeist. Sein Ausfluss beginnt am genau hier entstehenden Fui Fluss, der wiederum in den Panguipulli fliesst. Auch heute kann man noch, vor allem im Winter, über den Pirehueico tuckern. Seine Höhe von nur 600 m ü.d. M. gestattet den Grenzübergang über Huahum nach Argentinien während die Strassen im Gebirge sonst verschneit sind. Das Bild entstand bei Tagesanbruch in Puerto Fui; hier muss man sich für die Überfahrt in östliche Richtung einschiffen.

41 CHANCHÁN

Cada vez más sectores del extenso litoral de Chile se van integrando al país gracias al desarrollo de la infraestructura vial. Distintos poblados y caletas que a menudo sólo eran alcanzables por mar o por precarias sendas - con carretas o a caballo -, hoy ya han dejado de ser idílicos parajes tras el arribo del discutible progreso. Así ha ocurrido con las reducciones indígenas de Chanchán, al norponiente de Valdivia, entre Mehuín y Curiñanco.

Thanks to the development of highway infrastructure, more and more coastal zones of Chile are being integrated into the country. With the onslaught of so-called progress, many hamlets and fishing villages, which were for so long only accessible by sea or precarious paths - and then by cart or horseback - have ceased to be the idyllic spots they once were. Such is the case with the indigenous reserves of Chanchán, northwest of Valdivia between Mehuín and Curiñanco.

Die Anzahl entlegener Küstenabschnitte, die von dem Ausbau des Strassennetzes profitieren, nimmt ständig zu. Verschiedene Siedlungen und Fischerorte, die einst nur auf dem Seeweg oder auf unwegsamen Pfaden - mit Ochsenkarren oder zu Pferd-zu erreichen waren, haben ihre idyllische Einsamkeit nach dem Einzug des oft in Frage gestellten Fortschritts verloren. So geschah es auch mit den nordwestlich von Valdivia zwischen Mehuín und Curiñanco gelegenen Indianerreservaten in Chanchán.

42 Volcán Puyehue

Al oriente de la ciudad de Osorno, entre los lagos Ranco y Puyehue, impresiona la gran cantidad de volcanes. La literatura especializada ha dado nombres a cerca de 25. La mayor elevación en esta área cubierta por grandes extensiones de ceniza y campos de lava, es el Puyehue, de 2240 m de altitud. El volcán mismo no registra actividad, pero en todos sus alrededores abundan las fisuras humeantes, olientes y burbujeantes como también las fuentes termales. Desde uno de estos sectores contiguo al cordón Caulle, se divisan al sur los volcanes Puntiagudo y Osorno.

To the east of the City of Osorno, between the lakes of Ranco and Puyehue impresses the considerable amount of volcanoes. According to scientific publications nearly 25 of them had been named. The greatest elevation in this area extensely covered by ash including great fields of lava is the 2240 m high Volcán Puyehue. The volcano itself does not register activity, but in the surroundings abound smoking, bad smelling and bubbling fissures and also hot springs. Looking south from one of these sectors close to Cordón Caulle appear the volcanoes of Puntiagudo and Osorno.

Östlich der Stadt Osorno, zwischen den Seen Ranco und Puyehue, beeindruckt die grosse Anzahl Vulkane. Wissenschaftler haben dort an die 25 namentlich identifiziert. Die grösste Erhebung in diesem weitläufigen durch Asche verschütteten und von Lava durchzogenen Gebiet ist der 2240 m hohe Vulkan Puyehue, der aber selbst keine Tätigkeit aufweist. In der Umgebung gibt es aber manch einen Spalt, aus dem es raucht, mieft oder in dem es blubbert. Hinzu kommen auch Thermalquellen. Im Gebiet des Cordón Caulle blickt man nach Süden auf die Vulkane Puntiagudo und Osorno.

43 Cordillera de la Costa

Hace sólo pocos años fue abierta una precaria ruta que atraviesa la Cordillera de la Costa al poniente de Purranque para sacar de su aislamiento a los pobladores de la caleta de San Pedro. Desde las alturas del camino mencionado, a unos 800 m s.n.m., se puede observar las cumbres del macizo andino al oriente de la depresión central cubierta de nubes. Destaca a través del árbol el volcán Puntiagudo (2490 m) y más a la derecha (y más al sur) el volcán Osorno (2660 m), en cuyo faldeo norte se puede distinguir como una protuberancia parte del volcán Tronador, que resulta eclipsado por el Osorno.

Only a few years ago a precarious road crossing the coastal range to the west of Purranque was opened in order to reach the forlorn residents of the hamlet of San Pedro. From the heights of this way, at an altitude of ca. 800 m, the Andean peaks can be recognized to the east of the cloud covered central depression. Through the tree branches one sees Puntiagudo Volcano (2490 m), and farther to the right (and to the south) the Osorno Volcano (2660 m), on whose northern slopes parts of the eclipsed Tronador Volcano can be seen protruding.

Vor wenigen Jahren baute man eine prekäre Strasse, um die jenseits der Küstenkordillere abgeschnittenen Bewohner der San Pedro Bucht zu erreichen. Begibt man sich auf die etwa 800 m hohe Gebirgskette bei Purranque, erkennt man bei einem Blick nach Osten das von einem Wattenmeer bedeckte Zentraltal und dahinter die Andenkette. Durch das Geäst erscheint der Vulkan Puntiagudo (2490 m) und weiter rechts (u. weiter südlich) der Vulkan Osorno (2660 m), auf dessen Nordhang wiederum wie kleine Höcker Teile des vom Letzteren verdeckten Vulkan Tronador zu erkennen sind.

44 ESTAQUILLA

Además de peces y mariscos, las algas ya han sido explotadas desde hace tiempo como fuente alimentaria en el extenso litoral de Chile; hace algunos años, otras especies de algas han concitado el interés de la industria farmoquímica, generando ingresos significativos que en temporadas motivan a grupos familiares completos a su recolección, como ocurre con la luga en Estaquilla, una pintoresca caleta en el Pacífico al poniente de Los Muermos y a unos 100 km de Puerto Montt.

Apart from fish and shellfish, algae have also been exploited for a long time as a food source along Chile's extensive coastline; some years ago, certain species of algae attracted the interest of the pharmochemical industry, generating considerable income. This encouraged whole family groups to collect these species while in season, as seen here in Estaquilla, a picturesque fishing village to the west of Los Muermos, some 100 km from Puerto Montt.

Neben Fischen und Meeresfrüchten werden entlang der fast endlosen Küste Chiles seit längerem auch Algen als Nahrungsmittel genutzt. In den letzten Jahren interesssierte sich auch die pharmochemische Industrie für gewisse Algen. Ganze Familien sind zeitweise mit dem Einsammeln von "luga" (einer Algenart) beschäftigt. So z.B. in Estaquilla, einem westlich von Los Muermos gelegenen Fischerort am Pazifik, der etwa 100 km von Puerto Montt entfernt ist.

45 LAGO LLANQUIHUE

La colonizacion alemana iniciada a partir de mediados de 1850, ha marcado el paisaje sureño. Ya en 1880 prácticamente todas las riberas del lago Llanquihue estaban parceladas. Cerca de Frutillar se tiene esta vista del enorme lago (860 km²) que antaño fue surcado por vapores que comunicaban los diversos asentamientos. Hoy hay caminos por todas sus orillas y junto a las tradicionales viviendas aparecen también todo tipo de casas de veraneo, que se ubican para disfrutar el hermoso telón de fondo formado por los volcanes Puntiagudo, Osorno y Tronador.

From 1850 onwards the German settlement characterized the southern landscape. In 1880 practically the whole region around the Lake of Llanquihue was divided into lots. The photo taken near Frutillar shows the big lake (860 km²), once crossed by steamers connecting the different populations. Nowadays there are roads along all the shores and together with the traditional houses many vacation houses appeared to enjoy the outstanding view of the Andean peaks specially the volcanoes of Puntiagudo, Osorno and Tronador.

Die deutsche Besiedlung - etwa ab Mitte des 19. Jahrhunderts - hat das Landschaftsbild Südchiles geprägt. Schon 1880 waren nahezu alle Landstriche um den Llanquihue See parzelliert. In der Nähe Frutillars hat man diesen Blick auf den 860 km² grossen See, auf dem seinerzeit Dampfer für die Verbindung zwischen den einzelnen Ansiedlungen sorgten. Heute sind sämtliche Ufer durch Strassen erschlossen und neben den traditionellen Häusern entstanden vielerorts Ferienhäuser um die Aussicht auf die Vulkane Puntiagudo, Osorno und Tronador zu geniessen.

46 Puerto Montt

Para muchos chilenos la ciudad de Puerto Montt, capital de la extensa Región de los Lagos, es el término de Chile. Comienza aquí la desmembrada región austral con su tan accidentada geografía; en esta imagen ya figura a la derecha la isla Tenglo separada del continente por el canal homónimo. En el centro de la vista está Angelmó, el pintoresco sector del puerto donde destacan los tan criticados cerros de astillas para ser exportadas y que actualmente se han trasladado a otros lugares de embarque.Ya en segundo plano, y al fondo de la expandida ciudad de 175 000 habitantes, se distinguen los volcanes Osorno y Puntiagudo, el Calbuco y a su derecha, el distante Tronador.

For many Chileans Puerto Montt, capital of the extense Región de los Lagos is the country's southern end. Here begins the confusing zone of fjords, peninsulas and islands of southern Chile; on the right hand side already appears the Island of Tenglo separated from the continent by the homonymous channel. In the center is the picturesque port area of Angelmó where the often criticized mountains of chips waiting for their export can be recognized. Today they have been removed and embarked in other ports. More in the background of the expanding city of 175 000 inhabitants rise the volcanoes Osorno and Puntiagudo, the Calbuco and the distant Tronador.

Für viele Chilenen ist Puerto Montt, Hauptstadt der Región de los Lagos, das südliche Ende des Landes. Hier beginnt die zerklüftete Inselwelt Südchiles; rechts im Bild erscheint bereits die Insel Tenglo, die vom gleichnamigen Kanal vom Festland getrennt wird. In der Bildmitte ist Angelmó, der pittoreske Hafenbezirk, wo sich auch die zum Teil stark kritisierten Berge von Chips erkennen lassen. Inzwischen sind sie verschwunden und werden andernorts verladen. Im Hintergrund der sich stets ausdehnenden 175 000 Einwohner zählenden Stadt, erheben sich die Vulkane Osorno und Puntiagudo, der Calbuco und weiter rechts, in grösserer Entfernung, der Tronador.

47 Castro

Fundada en junio de 1567, Castro es una de las más antiguas y también más azotadas ciudades del sur de Chile. Fue saqueada por piratas holandeses a comienzos del siglo XVII, incendiada por la expedición de Brouwer en 1643, destruida por terremotos en 1837 y en mayo de 1960. Con todo, ha logrado sobrevivir y es hoy la pujante capital de Chiloé, punto de encuentro del creciente número de turistas que visitan el archipiélago. Entre los atractivos de Castro destacan su iglesia y los famosos palafitos tanto en la desembocadura del río Gamboa, como estos en el acceso norte de la ciudad.

Founded in June 1567, Castro is one of the oldest and most chastised cities in southern Chile. Sacked by Dutch pirates in the early seventeenth century, it was burnt down by the Brouwer expedition in 1643, destroyed by earthquakes in 1837 and May 1960. With all, it has managed to survive and is today the expanding capital of Chiloé and meeting point for the increasing number of visitors. Castro's attractions include the church and the palafittes either at the mouth of Río Gamboa or those shown here at the northern access to the city.

Castro, gegründet 1567, ist eine der ältesten und zugleich schwergeprüftesten Städte Südchiles. Anfang des 17. Jahrhundens plünderten holländische Piraten die Stadt, 1643 legte die Expedition Brouwers ein Feuer, grösste Zerstörung entstand durch zwei Erdbeben 1837 und 1960. Trotz alledem überlebte Castro und ist heute die rege Hauptstadt Chiloés und Treffpunkt der stets zunehmenden Anzahl Besucher des Archipels. Zu den Sehenswürdigkeiten der Stadt zählen die Kirche und die Pfahlbauten, sowohl an der Mündung des Río Gamboa wie auch hier an der Nordausfahrt Castros.

48 HUITE

En Chiloé, una de las zonas que mejor conserva su identidad, el cuestionado progreso ha irrumpido con vigor. Junto al explosivo aumento de las salmoneras, se mantienen muchos quehaceres tradicionales en su mayoría ligados al mar que, gracias a las espectaculares variaciones entre plea y bajamar, es una valiosa fuente de recursos. En Huite, cerca de Quemchi, se recolecta pelillo, un alga muy cotizada, que incluso se exporta en cantidades importantes. Para su transporte se usa un trineo o birloche.

In Chiloé, one of the zones which preserves best its identity, what is called progress has certainly had a dramatic effect. Apart from the explosive growth of the salmon industry, many farming chores, largely related to the sea, still have to be done the traditional way. Thanks to the spectacular variations between high and low tides, the ocean provides a rich source of food. In Huite, near Quemchi, people collect "pelillo". Mainly exported, this seaweed is well paid. A sledge is used to transport it.

Der oft in Frage gestellte Fortschritt hatte in Chiloé, einer Gegend, die bis heute ihre Identität am besten bewahrt hat, bedeutende Folgen. Neben dem Boom der Lachszucht gehen die Chiloten weiterhin vielen traditionellen Tätigkeiten nach. Diese stehen meist mit dem Meer im Zusammenhang, dessen enormer Tidenhub die Nutzung seines Reichtums erleichtert. In Huite bei Quemchi wird "pelillo" gesammelt, eine Algenart, die grösstenteils exportiert wird. Zum Transport dient ein Schlitten.

49 LAGO YELCHO

El lago Yelcho en Chiloé Continental se forma con las aguas del caudaloso río Futaleufú, originado en un hermoso sistema lacustre argentino que en su mayoría conforma el Parque Nacional Los Alerces. Por mucho tiempo la navegación en el lago fue fundamental para las comunicaciones hacia las localidades interiores de Palena y Futaleufú. Hoy la apertura de caminos adyacentes a la Carretera Austral, permite acceder a parajes como éste en la ribera sur del lago en que sólo navegan embarcaciones menores de aficionados a la pesca.

Lake Yelcho, in Continental Chiloé, is formed from the waters of the large Futaleufú River whose source is in an attractive Argentine lake system which mostly forms part of the Los Alerces National Park. Lake navigation was fundamental for a long time to have access to the interior communities of Palena and Futaleufú. Today the opening of lateral roads to the Carretera Austral provides access to places like this on the southern bank of the lake where only small boats of leisure fishermen move about.

Der Yelcho See im Festland von Chiloé entsteht durch den wasserreichen Fluss Futaleufú, der eine bedeutende Seenplatte Argentiniens, grösstenteils zum Nationalpark Los Alerces gehörend, entwässert. Lange Zeit war die Überquerung des Sees für die Verbindung zu den Ortschaften Palena und Futaleufú von grösster Bedeutung. Der Bau von Nebenstrassen der Carretera Austral ermöglicht heute den Zugang zu Gegenden wie das hier gezeigte Südufer des Sees, auf dem nur noch Fischerboote anzutreffen sind.

50 Ñirre

La extensa Región de Aysén con sólo 86 000 habitantes es la que presenta la menor densidad poblacional del país. Más de un 50% de sus 106 000 km² forma parte de una reserva o parque nacional, lo que es particularmente meritorio en un territorio devastado en gran medida por irracionales roces. De gran atractivo son sus variados árboles torturados muchas veces por las inclemencias climáticas, esto es, en la llamada zona de parque, el viento y los fríos inviernos. Este ejemplar de ñirre (Nothofagus antarctica) cubierto con "barba de viejo" luce una llamativa coloración otoñal en la Reserva Natural Dos Lagunas, al este de la ciudad de Coyhaique.

The extense Aysén Region counts scarcely 86 000 inhabitants and is thus the one with the lowest density. More than half of the 106 000 km² is a part of national reserve or park, That is particularely praiseworthy in a territory once heavily devastated by forest fires. In the transition zone between the humid coast of the Pacific with its dense forest and the dry Patagonian Steppe the trees torturated by the forces of nature (strong winds and cold winters) are specially attractive. In the Reserva Natural Dos Lagunas, to the east of the City of Coyhaique a ñirre (Nothofagus antarctica) covered by stringy lichen called "barba de viejo" (= old man's beard) acquire a marvelous color in autumn.

Die ausgedehnte Región de Aysén zählt knapp 86 000 Einwohner und weist somit die niedrigste Dichte Chiles auf. Mehr als die Hälfte der Gesamtfläche von 106 000 km² ist zum Naturschutzgebiet erklärt worden, was in diesem zu grossen Teilen durch Waldbrände zerstörten Territorium besonders zu loben ist. Sehr reizvoll sind vor allem in der Übergangszone zwischen den Regenwäldern und der Steppenlandschaft die verschiedenen durch Wind und Wetter zerzausten Bäume. Im östlich von Coyhaique gelegenen Naturreservat Dos Lagunas leuchtet diese von einigen Bartflechten dekorierte "Ñirre" (Nothofagus antarctica) in der Herbstfärbung.

51 Cerro Tamango

Desde el camino que conduce de Cochrane al lago homónimo, se ve hacia el norte a la reserva natural que también lleva el nombre mencionado. Es coronada por el cerro Tamango de 1720 m de altitud que domina esta área protegida, conocida por sus hermosos bosques, cuyo otoñal tono rojizo aquí contrasta con el blanco de la nieve. Al recorrer las serranías decoradas con transparentes lagunas, se puede tener la suerte de observar huemules (Hippocamelus bisulcus).

Looking north from the road leading from Cochrane to the lake by the same name the gently forested plateau of Reserva Nacional Cochrane appear. Reaching 1720 m Cerro Tamango is the highest peak in the reserve where the autumn colored trees contrast with the snow-capped mountains. Hiking along the forest, decorated with transparent lagoons, and with some luck, Chile's heraldic animal the "huemul" (Andean deer, Hippocamelus bisulcus) can be seen.

Auf dem Weg von Cochrane zum benachbarten gleichnamigen See blickt man in nördliche Richtung auf das ebenso genannte Naturreservat. Das vom 1720 m hohen Cerro Tamango gekrönte Gebiet ist vor allem durch den Waldbestand bekannt, der sich hier im herbstlichen Rot von den schneebedeckten höheren Lagen abhebt. Beim Durchwandern des von Lagunen durchzogenen Areals kann man vielleicht das Glück haben und auf Chiles Wappentier "Huemul" (Andenhirsch, Hippocamelus bisulcus) stossen.

52 Lago General Carrera

El lago General Carrera es, después del Titicaca, el más extenso de Sudamérica. Su área bordea los 1900 km². Es compartido con Argentina; el tercio que se ubica en ese país (a la izquierda en esta vista) conserva el antiguo nombre: Buenos Aires. La navegación en sus aguas, agitadas por el viento que sopla con violencia desde el Pacífico y que tortura la vegetación en sus riberas, ha sido fundamental para las comunicaciones con los poblados ribereños. Desde Puerto Ibáñez se puede acceder vía transbordador a Chile Chico, localidad que se ubica en la ribera sur del lago (a la derecha en esta vista).

Lake General Carrera is, after Lake Titicaca, the biggest in South America. It has a surface area of close to 1900 km² and is shared with Argentina, where one third of the lake is known by the original name of Lago Buenos Aires (to the left on this photo). Navigating on the lake, at times a rough experience due to the strong winds coming off the Pacific and which tortures the vegetation along the shores has been fundamental for connections along bankside settlements. From Puerto Ibáñez it is possible to reach by ferry Chile Chico located on the south shore of the lake (to the right on this photo).

Der Lago General Carrera ist nach dem Titicaca der zweitgrösste See in Südamerika. Seine Fläche von rund 1900 km² wird mit Argentinien geteilt; jenseits der Grenze (links auf diesem Foto) wird der ursprüngliche Name Lago Buenos Aires beibehalten. Die starken, meist schlechtwetter-bringenden Westwinde foltern nicht nur die Vegetation, sie erschweren auch die Navigation auf dem See, die zur Verbindung einzelner Ortschaften von grosser Bedeutung war. Von Puerto Ibáñez aus kann man per Fähre Chile Chico am Südufer des Sees erreichen (rechts im Bild).

53 Hielo Patagónico Norte

Cerca de 18 000 km² de las Regiones de Aysén y Magallanes, se encuentran cubiertos de hielo repartido en dos grandes porciones, conocidas como los Campos de Hielo Patagónico Norte y Sur. El Hielo Norte se encuentra íntegramente en Chile dentro del Parque Nacional Laguna San Rafael. El acceso a la gigantesca planicie de hielo y su travesía exigen dominar técnicas de montañismo, que incluyen diversos aspectos, tales como la construcción de iglúes, como el que se aprecia con el telón de fondo de la torre Tobler contigua al gigantesco San Valentín.

Nearly 18 000 km² of the Aysén and Magallanes Regions are covered with ice, divided into two enormous zones known as Campo de Hielo Patagónico Norte (Northern Patagonian Ice-field) and Campo de Hielo Patagónico Sur (Southern Patagonian Ice-field). The Northern Ice-field is entirely in Chile in the Laguna San Rafael National Park. Access to the gigantic block of ice, and crossing it, demands mountaineering skills, including igloo-building techniques like the one seen here with Torre Tobler close to the huge San Valentín in the background.

Etwa 18 000 km² der Regionen Aysén und Magallanes sind von Eismassen bedeckt, die sich in zwei grosse Teile gliedern. Man unterscheidet das Südliche und das Nördliche Patagonische Eis. Das Nordliche Eis befindet sich völlig in Chile im Nationalpark Laguna San Rafael. Der Aufstieg auf die enorme Eisfläche und deren Überquerung setzen Bergerfahrung voraus, dazu gehören Kenntnisse über Bau von Iglus, wie des hier abgebildeten. Im Hintergnund erkennt man die Torre Tobler, einen Berg, der dem höchsten Gipfel Patagoniens, dem San Valentín, vorgelagert ist.

54 Valle Chacabuco

Un amplio corredor en la zona de transición entre la costa húmeda del Pacífico con sus densos bosques y la estepa patagónica, es el valle Chacabuco. El río que por él serpentea es uno de los múltiples tributarios del más caudaloso río del país, el Baker. Sus tierras son de las mejores de Aysén, que a partir de 1908 ya fueron aprovechadas por la Sociedad Explotadora del Baker. El entorno está formado por lomajes y praderas, lagunas azules, blancas cordilleras y bosques de lenga, y en él se desarrollan actividades ganaderas extensivas que cohabitan con una abundante fauna que incluye, entre otros, guanacos, huemules, zorros, pumas, vizcachas, caiquenes, flamencos y cóndores. Por el valle este camino conduce a Argentina.

A wide corridor in the transition zone between the humid coast of the Pacific with its dense forest and the dry Patagonian Steppe is the Valley of Chacabuco. The river meandering through it is one of the multiple tributaries of Chile's greatest river, the Baker. Already in 1908 the Sociedad Explotadora del Baker exploited these, probably the best lands in Aysén. It is encircled by gentle hills and meadowlands, blue lagoons, snowcapped "cordilleras" and "lenga" forests. Extensive cattle activities coexist with an abundant fauna including guanacos, huemules, foxes, pumas, vizcachas, caiquenes (upland geese), flamingoes and cóndores. Along the valley the pictured road leads to Argentina.

Valle Chacabuco ist ein weiter Korridor in der Übergangszone zwischen den Regenwäldern in Küstennähe und der Steppenlandschaft Ostpatagoniens. Durch das Tal schlängelt sich der gleichnamige Fluss in Richtung Río Baker, Chiles grösstem Strom. Bereits 1908 hat die Sociedad Explotadora del Baker diese wohl besten Ländereien Ayséns genutzt. Die Umgebung bilden sanfte Hügel, Grasweiden, blaue Lagunen, verschneite Kordilleren und Lenga-Wälder, in denen Viehzucht mit einer reichhaltigen Fauna koexistiert. Man erlebt Guanakos, Huemules (Andenhirsche), Füchse, Pumas, Viscachas, Caiquenes (Wildgänse), Flamingos und Kondore. Der abgebildete Weg führt nach Argentinien.

55 Cordón Cochrane

La Región de Aysén se caracteriza por una extraordinaria y agreste geografía de contrastes. Los mayores asentamientos humanos se ubican al oriente de las grandes cumbres andinas. Una excepción a esta norma la constituye el cerro San Lorenzo (3700 m) en la frontera con Argentina, pues está al este de la localidad de Cochrane. Tras el campamento de un grupo de montañistas, se yergue el cordón Cochrane que forma parte del macizo mencionado, cuya primera ascensión lograra en 1943 el sacerdote, montañista y fotógrafo Alberto De Agostini.

Región de Aysén is characterized by an extraordinary and wild geography of contrasts. The major settlements are located to the east of the high Andean peaks. An exception to this rule is Cerro San Lorenzo (3700 m) on the border to Argentina: it rises east of the Locality of Cochrane. Behind the camp of a mountaneers group appears Cordón Cochrane a mountain chain belonging to the mentioned massif which was first scaled in 1943 by the priest, mountaneer and photographer Alberto De Agostini.

Kennzeichen der Región de Aysén ist ihre ausserordentliche und wilde Geographie der Gegensätze. Die grösseren Siedlungen befinden sich in der Regel östlich der höchsten Andengipfel. Eine Ausnahme bildet das an der Grenze zu Argentinien gelegene 3700 m hohe Massiv des San Lorenzo da es sich östlich von der Ortschaft Cochrane erhebt. Im Hintergrund eines Bergsteigercamps erscheint der Cordón Cochrane, ein Gebirgszug des erwähnten Berges, dessen Erstbesteigung 1943 dem Priester, Bergsteiger und Fotografen Alberto De Agostini gelang.

56 LAGO CISNES

A más de 1200 km de Puerto Montt y próxima a Villa O'Higgins en el sur de Aysén, la ruta que desde 1999 permite el acceso terrestre a esta apartada localidad tras atravesar una sucesión de espectaculares parajes, sortea los últimos accidentes como son el lago Cisnes y el río Mayer. Basta mirar un mapa para comprender la en extremo confusa geografía de esta zona contigua al lago O'Higgins, al Campo de Hielo Sur y a los fiordos de la Patagonia occidental, y que incluye lugares de singular belleza, como el lago Cisnes que se muestra.

More than 1200 km from Puerto Montt and close to the Hamlet of Villa O'Higgins in the south of Aysén Region, the road permitting the access to such remote place since 1999 crosses a succession of spectacular sceneries and finally passes the stretch including Lago Cisnes and Río Mayer. Looking at a map the extremely confusing geography of this area, next to Lago O'Higgins, the Southern Patagonian Icefield and the fjords of the Pacific can be appreciated. It is a zone of a very peculiar beauty; the picture shows Lago Cisnes.

Mehr als 1200 km von Puerto Montt entfernt und in der Nähe von Villa O'Higgins im Süden Ayséns, führt die 1999 fertiggestellte Strasse dorthin, nachdem sie eine Folge spektakulärer Landschaften passiert hat, auf dem letzten Abschnitt am Lago Cisnes und Río Mayer entlang. Ein Blick auf die Karte zeigt wie verworren die Geographie in dieser Gegend nahe Lago O'Higgins, des Südlichen Patagonischen Eises und den Fjorden Westpatagoniens ist. Und natürlich auch ein Gebiet besonderer Landschaften: das Bild zeigt den Lago Cisnes.

57 Glaciar Pío XI

Pío XI es el nombre del mayor glaciar de toda la Patagonia. La mole de hielo de unos 5 km de ancho y 70 m de altura vierte témpanos provenientes del Hielo Patagónico Sur al seno Eyre. Un buen parámetro de comparación lo constituyen los tres kayaks que aparecen en la vista. El glaciar que se ubica en la latitud del cerro Fitz Roy y del poblado de Puerto Edén, ha presentado un significativo avance de unos 10 km en los últimos decenios, como lo demuestran fotos satelitales recientes, además de la destrucción de árboles que se observa en su morrena, caso único entre todos los glaciares del área.

Pío XI is the name of the largest glacier in all Patagonia. Floes break off the mass of ice some 5 km wide and 70 m high originating from Hielo Patagónico Sur into Eyre Fjord. The size can be appreciated if compared with the three kayaks appearing on this view. The glacier, which is located at the same latitude as Mount Fitz Roy and the village of Puerto Edén, has advanced about 10 km over the last decades, as shown by recent satellite photographs, and by the destruction of trees observed on its moraine, making it almost a unique case among the area's glaciers.

Der grösste Gletscher Patagoniens heisst Pío XI. Von der mehr als 5 km breiten, bis zu 70 m hohen Front stürzen die vom Südlichen Patagonischen Eis stammenden Brocken in den Eyre Fjord. Die Dimensionen werden durch die drei abgebildeten Kajaks bewusst gemacht. Der auf der Höhe des Berges Fitz Roy und der Ortschaft Puerto Edén gelegene Gletscher ist in den letzten Jahrzehnten im Gegensatz zu allen anderen beachtlich vorwärts gedrungen (etwa 10 km). Diese Tatsache kann man sowohl an der Zerstörung des Urwaldes an der Moräne wie auch auf neuesten Satellitenaufnahmen erkennen.

58 Torres del Paine

El motivo tal vez más representativo en los 2400 km² del Parque Nacional Torres del Paine, lo constituyen las colosales moles graníticas que le han dado el nombre. En un atardecer invernal, a orillas de la laguna Amarga ubicada fuera de este mundialmente famoso parque, se distingue a la izquierda el cerro Almirante Nieto (2650 m) y luego la torre Sur o Alberto De Agostini, la torre Central y la torre Norte. Las alturas que dan las cartografías varían entre 2500 y 2800 m.

Probably the most characteristic spot in the 2400 km² of the Torres del Paine National Park is found in the imposing granit towers for which the park is named. In a winter sunset on the shore of Laguna Amarga located outside of this world famous park appears on the left Cerro Almirante Nieto (2650 m) followed by Torre Sur or Torre Alberto de Agostini, Torre Central and Torre Norte. The altitude given for the peaks depend on the maps used and varies somewhere between 2500 and 2800 m.

Das wohl repräsentativste Motiv in den 2400 km² des weltberühmten Nationalparks Torres del Paine, sind die gewaltigen Granitsäulen, nach denen der Park benannt worden ist. An einem winterlichen Sonnenuntergang am Ufer des ausserhalb des Parks gelegenen Sees Laguna Amarga erscheint links der 2650 m hohe Cerro Almirante Nieto, danach erheben sich Torre Sur, auch Torre Alberto de Agostini genannt, Torre Central und Torre Norte. Die Höhenangaben variieren je nach Karte zwischen 2500 und 2800 m.

59 Lago Pehoe

Entre las vistas que más rápidamente identifican las bellezas escénicas de la Patagonia, se cuenta la Cordillera Paine. Sus cumbres atraen a montañistas de todo el mundo. La majestuosa montaña glorificada en la Canción Nacional se muestra en todo su esplendor desde el lago Pehoe: en el centro de la vista están los Cuernos y a su derecha se esconden las Torres entre las nubes. La vista que sigue se obtuvo casi desde el mismo lugar en invierno.

Among the images that rapidly identify Patagonian highlights appears the Paine Massif. Its summits attract mountaineers from the whole world. The "majestic mountains" glorified in Chile's national anthem are shown in all their beauty at the edge of the Pehoe Lake: in the centre one can see the Cuernos and to their right the Torres (towers) are hidden among the clouds. The following photo was made practically from the same place during winter.

Zu den erhabensten Schönheiten Patagoniens zählt gewiss das Paine Massiv. Die Gipfel sind ein Anziehungspunkt für Bergsteiger aus aller Welt. Die von der chilenischen Nationalhymne gepriesene "majestätische Kordillere" zeigt sich hier am Ufer des Pehoe-Sees in vollem Glanz. In Bildmitte erheben sich die Cuernos (Hörner), rechts verstecken sich in den Wolken die Torres (Türme). Das folgende Bild wurde fast vom gleichen Standort gemacht, aber im Winter.

60 Cuernos del Paine

El Parque Nacional Torres del Paine reúne tal vez los más espectaculares y hermosos paisajes de Chile. Cada año es mayor el número de visitantes que acceden a estos parajes de la Patagonia, ubicados cerca de 400 km al norte de Punta Arenas, para disfrutar de sus múltiples atractivos. En un amanecer invernal, los Cuernos (2600 m), que a menudo son confundidos con las Torres, se yerguen sobre las aguas del lago Pehoe, uno de los tantos que conforman el parque.

Torres del Paine National Park boasts perhaps the most spectacular and stunning scenery of all Chile. The amount of visitors reaching these Patagonian spots located close to 400 km north of Punta Arenas increases every year. Its peaks are a challenge for climbers from all over the world. During a winter daybreak the Cuernos (= horns, 2600 m), often confused with the Torres, appear behind Lago Pehoe, one of the many lakes in the park.

Der Nationalpark Torres del Paine birgt wahrscheinlich die spektakulärsten Landschaften Chiles. Die Anzahl der Besucher dieser Stätte Patagoniens erhöht sich von Jahr zu Jahr. Die Gipfel sind eine Herausforderung für Bergsteiger aus aller Welt. Bei einem winterlichen Tagesanbruch sieht man die Cuernos (= Hörner, 2600 m), die häufig mit den Torres verwechselt werden vom Lago Pehoe aus, einem der vielen Seen im Park.

61 Laguna Arauco

En el período invernal, amaina el tantas veces torturador viento que azota las grandes planicies patagónicas. En esta quietud se puede disfrutar del otrora agreste paisaje al que nieve y escarcha confieren una muy especial belleza. Cerca del río Rubens la carretera que une las dos principales ciudades de Magallanes, Punta Arenas y Puerto Natales, corre por varios kilómetros casi bordeando la frontera con Argentina, y es justo en este sector donde pasa junto a la laguna Arauco cuyas aguas están congeladas.

During winter calms the often torturing wind blowing in the great open lands in Patagonia. In this stillness snow and frost give a special beauty to the in other times rough landscape. Near Río Rubens the road joining the two major cities in Magallanes, Punta Arenas and Puerto Natales, runs close to the borderline to Argentina for many kilometers and it is in this area where it passes Laguna Araucos frozen waters.

Während des Winters beruhigt sich der oft auf die Nerven gehende Wind, der die grossen Ebenen Patagoniens durchzieht. Schnee und Reif verleihen in dieser Stille der sonst rauhen Landschaft einen besonderen Reiz. In der Nähe des Río Rubens führt die Strasse von Punta Arenas nach Puerto Natales mehrere Kilometer entlang der argentinischen Grenze; in dieser Gegend stösst man auf die vereiste Laguna Arauco.

62 Lago Blanco

Desde las alturas que por el sur encierran al lago Blanco, se contemplan las enormes estepas patagónicas que se extienden al norte de él. Sus aguas cubren más de 150 km² y se vierten en el Océano Atlántico a través del río Grande, en la costa argentina de Tierra del Fuego. El lago es un destino muy cotizado por aficionados a la pesca deportiva. Alejado de poblados, el lago permanece deshabitado en todas sus riberas.

Seen from the heights which surround Lake Blanco to the south are the enormous Patagonian steppes which extend to the north of it. Its water covers more than 150 km² and drains into the Atlantic Ocean through the River Grande on the Argentine coast of Tierra del Fuego. The lake is an appreciated destiny for those looking for fishing opportunities. Far from populations, the lake remains uninhabited along all its banks.

Von den Anhöhen der Gebirgszüge, die den Lago Blanco vom Süden her einschliessen, blickt man auf die patagonische Steppe, die sich in nördliche Richtung erstreckt. Der See bedeckt über 150 km² Fläche und wird vom Río Grande in Richtung argentinischer Atlantikküste entwässert. Der See ist ein geschätztes Ziel für Angler. Der See liegt fern jeder Ortschaft und ist gänzlich unbesiedelt.

63 CABO DE HORNOS

En 1616 los navegantes Le Maire y van Schouten descubrieron este cabo y le pusieron el nombre en recuerdo del barco que se perdiera sólo semanas antes, el Hoorn, y también para honrar su puerto de origen con el mismo nombre en Holanda. Este último peñón de Sudamérica es uno de las mayores desafíos, lugar de muchos destinos trágicos y de desesperanzas, símbolo del fin del mundo. Siempre vuelven a aparecer por estas tormentosas aguas del Paso Drake todo tipo de aventureros: remadores solitarios, surfistas y otros. Sólo 700 kilómetros separan este cabo de las más septentrionales islas antárticas.

In 1616 Le Maire and van Schouten discovered this cape and named it Hoorn honouring their only few weeks before disappeared ship, Hoorn and also their originating harbour by the same name in the Netherlands. This last tip of South America is one of the greatest challenges, place of tragic destinies and desperations, symbol for the end of the world. Regularly all kind of adventurers including lonely rowers, surfers and others try to dominate the wild watermasses of the Drake Passage. Only 700 kilometers separate the cape from the northernmost islands of the Antarctica.

1616 entdeckten Le Maire und van Schouten dieses Kap und benannten es nach ihrem vor wenigen Wochen verloren gegangenen Schiff, "der Hoorn", sowie ihrem Heimathafen an der Zuidersee. Dieser letzte Zipfel Südamerikas ist eine der äussersten Herausforderungen vieler Schicksale und Verzweiflungen, Symbol für das Ende der Welt. Immer wieder versuchen einsame Ruderer, Surfer oder sonstige Abenteurer die gewaltigen ozeanischen Wassermassen der Drake-Passage zu beherrschen. Nur 700 km trennen dieses Kap von den nördlichsten Inseln der Antarktis.

64 Península Antártica

Chile es uno de los primeros países que ya en 1961 suscribió el Tratado Antártico y además mantiene - junto a Argentina y al Reino Unido - reclamaciones territoriales sobre estos espectaculares escenarios del continente más alto, más seco y más frío del planeta y que constituyen un patrimonio de toda la humanidad. En la península antártica, conocida en Chile como Tierra de O'Higgins, el Ejército administra desde 1948 la base O'Higgins. También se ve un radiotelescopio de la base alemana adosada a la base chilena. Más a la derecha se reconoce el rompehielos Almirante Viel de la Armada.

Chile was one of the first countries to sign the Antarctic Treaty and mantains - together with Argentina and the United Kingdom - territorial claims on these spectacular landscapes on the coldest, highest and driest continent whose unpolluted beauty should be preserved for the whole world community. On the Antarctic Peninsula, known in Chile as Tierra de O'Higgins, the Army has been administrating Base O'Higgins since 1948. Close to the base a radiotelescope of the adjoining German investigation center can be recognized. More to the right appears Chilean Navy's Icebreaker Almirante Viel.

Chile ist Gründerstaat des Antarktisabkommens und beansprucht - nebst Argentinien und Grossbritannien - Teile des Territoriums dieser spektakulären Landschaft des kältesten, höchsten und trockensten Kontinents, dessen unberührte Schönheit der gesamten Menschheit erhalten bleiben sollte. Auf der antarktischen Halbinsel, in Chile Tierra de O'Higgins genannt, verwaltet das Heer seit 1948 die Base O'Higgins. Daneben erkennt man ein Radioteleskop der angegliederten deutschen Forschungsstation. Weiter rechts erscheint der Eisbrecher Almirante Viel der chilenischen Marine.

65 Canal Lemaire

Unos 1500 km al sur de Punta Arenas, en latitud 65° S, dos picachos nevados conocidos como Torres del Cabo Renard o Una's Tits (senos de Una), se yerguen 750 m sobre la margen sur del estrecho Bismarck, justo en la entrada norte del canal Lemaire. Fueron ascendidos por primera vez en 1997. Es este uno de los parajes más visitados por un número creciente de cruceros que en el período estival navegan por el litoral antártico.

Approximately 1500 km south of Punta Arenas on latitude 65 S, two snowcapped peaks known as Cape Renard Towers or Una's Tits (750 m) rise on the southern bank of the Bismarck Strait just at the northern end of the Lemaire Channel. The first ascent was made in 1997. This is one of the most visited places by an increasing number of touristic ships navigating along the Antarctic Peninsula during summer.

Etwa 1500 km südlich von Punta Arenas entfernt und auf dem 65. Breitengrad ragen am Südufer der Bismarckstrasse, an der Nordeinfahrt in die Lemaire-Enge, zwei schneebedeckte Felstürme empor. Den 750 m hohen Gipfel kennt man als Cape Renard Turm, neuerdings spricht man von den Una's Tits (Una's Busen). Die Erstbesteigung gelang 1997. Bis hierher kommt eine zunehmende Zahl Touristikschiffe, die während des Sommers entlang der antarktischen Halbinsel navigieren.

66 Bahía Hanusse

En algunos veranos se puede circunnavegar la gigantesca isla Adelaida, ubicada al sur del Círculo Polar Antártico. Tras acceder a latitudes tan australes como la bahía Margarita, que descubriera Charcot en su expedición de 1909, es posible internarse por el canal Barlas y llegar a la bahía Hanusse. Está tapizada de descomunales témpanos que los buques deben esquivar con cautela. Es este un lugar remoto y poco frecuentado por el en otros sectores creciente número de cruceros que visitan el continente helado. El asentamiento más cercano a este lugar es la base Rothera del Reino Unido, construida en la isla antes mencionada.

In some years during summer the gigantic Adelaide Island located south of the Antarctic Circle can be circumnavigated. After reaching as far south as Marguerite Bay discovered by Charcot in 1909, it is possible to pass Barlas Channel and navigate into Hanusse Bay. The sea is covered by huge icebergs which ships should avoid cautiously. This is a remote and scarcely visited place by the in other areas increasing number of touristic ships. The closest settlement to this place is UK Rothera station established on the above mentioned island.

Je nach Sommer kann man die südlich des Polarkreises gelegene enorme Insel Adelaida umschiffen. Nachdem man soweit südlich wie die von Charcot 1909 entdeckte Margarita-Bucht vorgedrungen ist und anschliessend die Barlas-Strasse durchquert hat, gelangt man zur Hanusse-Bucht. Sie ist vollgesät mit gewaltigen Eisbergen, welche die Schiffe mit Vorsicht umfahren sollten. Dies ist ein entlegenes Ziel und wird von der andernorts zunehmenden Zahl Touristikschiffe selten besucht. Die nächstgelegene Siedlung ist die zu Grossbritannien gehörende Rothera Forschungsstation, die auf der oben genannten Insel errichtet wurde.

INDICE CONTENTS INHALT

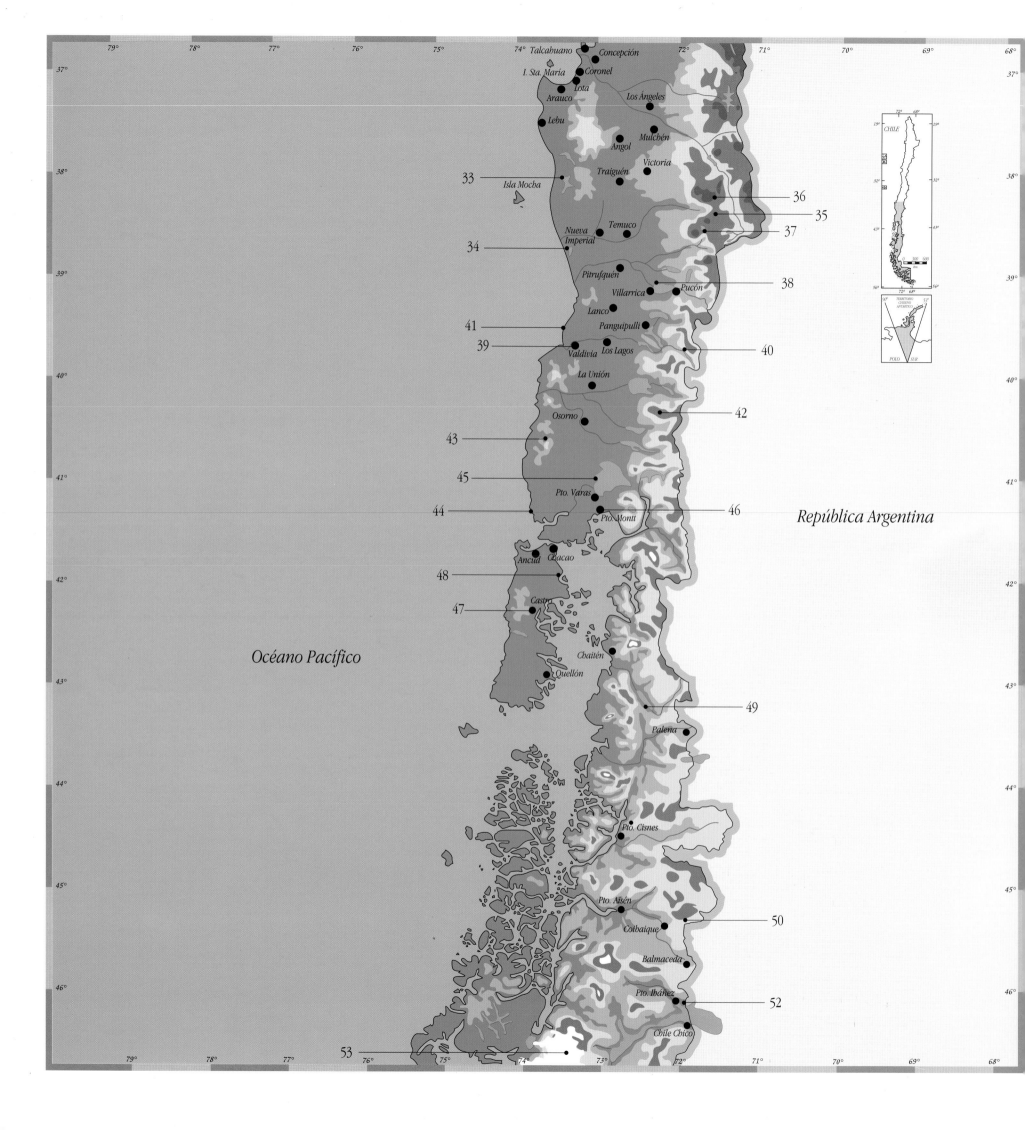